CURA DOS CHAKRAS
PARA INICIANTES

• • • • • • •

Margarita Alcantara

CURA DOS CHAKRAS
PARA INICIANTES

Um Guia Prático e Moderno com Técnicas de Autocura para Equilibrar os seus Centros de Energia Sutil

Tradução
Euclides Luiz Calloni

Editora
Pensamento
SÃO PAULO

*Dedico este livro à minha avó,
Lola Anunciacion Pineda Perlas, que sempre acreditou em mim.*

Título do original: *Chakra Healing – A Beginner's Guide to Self-healing that Balance the Chakras.*
Copyright © 2017 Callisto Media, Inc.
Publicado pela primeira vez em Inglês pela Althea Press, um selo da Callisto Media, Inc.
Copyright da edição brasileira © 2021 Editora Pensamento-Cultrix Ltda.
1ª edição 2021.

Todos os direitos reservados. Nenhuma parte deste livro pode ser reproduzida ou usada de qualquer forma ou por qualquer meio, eletrônico ou mecânico, inclusive fotocópias, gravações ou sistema de armazenamento em banco de dados, sem permissão por escrito, exceto nos casos de trechos curtos citados em resenhas críticas ou artigos de revista.

A Editora Pensamento não se responsabiliza por eventuais mudanças ocorridas nos endereços convencionais ou eletrônicos citados neste livro.

MARCAS REGISTRADAS: Althea Press e o logotipo da Althea Press são marcas registradas ou marcas comerciais da Callisto Media Inc. e/ou de seus afiliados, nos Estados Unidos e em outros países, e não podem ser usadas sem permissão por escrito. Todas as outras marcas registradas são propriedade de seus respectivos proprietários. A Althea Press não está associada a nenhum produto ou fornecedor mencionado neste livro.

Crystal photography © Shutterstock/humbak, p. 158; Shutterstock/Sergey Lavrentev, p. 158; Shutterstock/Patricia Chumillas, p. 158; Shutterstock/J. Palys, p. 159; Shutterstock/gvictoria, p. 159; Shutterstock/J. Palys, p. 159; Shutterstock/Mivr, p. 160; Shutterstock/Nastya22, p. 160; Shutterstock/wiiz, p.160; Shutterstock/J. Palys, p. 161; Shutterstock/Stephen Orsillo, p.161; Shutterstock/vvoe, p.161; Shutterstock/J. Palys, p. 162; Shutterstock/Imfoto, p. 162; Media Bakery/Ron Evans, p. 162; iStock/joannabrouwers, p. 163; iStock/DusanVulic, p. 163; Shutterstock/PNSJ88, p. 163; Shutterstock/PHOTO FUN, p. 164; Shutterstock/J. Palys, p. 164; Shutterstock/Stellar Gems, p. 164; Shutterstock/Imfoto, p. 164; iStock/MarcelC, p. 165; Shutterstock/SirChopin, p. 165; Shutterstock/farbled, p. 165; Shutterstock/J. Palys, p. 166; Shutterstock/J. Palys, p. 166; iStock/Nastya22, p. 166; Shutterstock/Vitaly Raduntsev, p. 167; Shutterstock/J. Palys, p. 167; Shutterstock/Only Fabrizio, p. 167; Shutterstock/J. Palys, p. 168; iStock/nastya81, p. 168; Shutterstock/Imfoto, p. 168; Shutterstock/J. Palys, p. 169; Shutterstock/Ilizia, p. 169; Shutterstock/Albert Russ, p. 169; Shutterstock/Nastya22, p. 170; Shutterstock/Imfoto, p. 170; Shutterstock/Dario Lo Presti, p. 170; Shutterstock/hapelena, p. 171; Shutterstock/optimarc, p. 171; Courtesy Wikipedia/Mitchell Gore, p. 171; Shutterstock/MarcelClemens, p.172; iStock/Epitavi, p. 172; Shutterstock/PNSJ88, p. 172; Shutterstock/Nastya22, p. 173; Courtesy Wikipedia/Eurico Zimbres and Tom Epaminondas, p. 173; Shutterstock/ verbaska, p. 173; Shutterstock/J. Palys, p.174; Courtesy Wikipedia/Madereugeneandrew, p. 174; Shutterstock/unpict, p. 174.

Ilustrações © Tom Bingham, pp.146-57.

Editor: Adilson Silva Ramachandra
Gerente editorial: Roseli de S. Ferraz
Preparação de originais: Karina Gercke
Gerente de produção editorial: Indiara Faria Kayo
Editoração eletrônica: Join Bureau
Revisão: Erika Alonso

Dados Internacionais de Catalogação na Publicação (CIP)
(Câmara Brasileira do Livro, SP, Brasil)

Alcantara, Margarita
  Cura dos chakras para iniciantes: um guia prático e moderno com técnicas de autocura para equilibrar os seus centros de energia sutil / Margarita Alcantara; tradução Euclides Luiz Calloni. – 1. ed. – São Paulo: Editora Pensamento Cultrix, 2021.

  Título original: Chakra Healing – A Beginner's Guide to Self-healing that Balance the Chakras
  ISBN 978-85-315-2141-6

  1. Autocura 2. Chakras 3. Corpo e mente (Terapia) 4. Cura 5. Energia 6. Equilíbrio I. Título.

21-67327   CDD-615.85

Índices para catálogo sistemático:
1. Chacras: Cura vibracional: Terapias alternativas 615.85
Maria Alice Ferreira – Bibliotecária – CRB-8/7964

Direitos de tradução para o Brasil adquiridos com exclusividade pela
EDITORA PENSAMENTO-CULTRIX LTDA., que se reserva a
propriedade literária desta tradução.
Rua Dr. Mário Vicente, 368 – 04270-000 – São Paulo – SP – Fone: (11) 2066-9000
http://www.editorapensamento.com.br
E-mail: atendimento@editorapensamento.com.br
Foi feito o depósito legal.

ITINERÁRIO A SER SEGUIDO

• • • • • • •

O trabalho de cura com os chakras é uma técnica extraordinária que pode melhorar sua vida em todos os aspectos – estou animada para compartilhar meu apreço e minha predileção pelos chakras para que você aprenda a tratar e curar a si mesmo de dentro para fora.

Na Parte I, apresentarei o conceito de chakras para que tenha uma boa base sobre os centros de energia. Este é um ótimo lugar para começar se você pouco conhece sobre o assunto e precisa de uma visão geral introdutória.

Caso já esteja preparado para mergulhar em metodologias mais detalhadas, passe para a página 22, na qual tem início as descrições e características de cada chakra. Se está curioso para conhecer as várias maneiras como as pessoas trabalham com os chakras – desde meditação até yoga e tratamentos com cristais – dedique-se à seção *Como Utilizar a Energia dos Chakras*, na página 37.

Esteja você ciente ou não, os seus chakras são um fator determinante em todos os aspectos da sua vida diária. A Parte II aborda desequilíbrios comuns que se manifestam nos níveis físico, mental, emocional e espiritual, e oferece técnicas úteis para começar a tratar essas alterações, chakra por chakra.

Para identificar e conhecer melhor os chakras que precisam ser tratados, dirija-se à página 54 e localize os sintomas ou doenças que talvez o estejam afetando.

Conhecido o chakra ou os chakras que você gostaria de equilibrar ou tratar, trabalhe com as técnicas de tratamento que começam na página 55.

Espero que as lições deste livro o aproximem cada vez mais da vida que você deseja viver. Boa leitura – e excelente trabalho de cura!

SUMÁRIO

Introdução 8

I O POTENTE SISTEMA DE CHAKRAS 10

1 Aspectos Gerais dos Chakras 12

2 O Trabalho com os Chakras 36

II TRATAMENTO DOS CHAKRAS 52

3 Sintomas e Doenças Comuns 54

4 Técnicas Especiais e Tratamentos 85

Apêndice A: Posturas de yoga 146
Apêndice B: Cristais 158
Recursos 175
Referências 176
Índice Remissivo 177
Agradecimentos 189

INTRODUÇÃO

Quando minha nova paciente, a Sra. B, entrou pela primeira vez em meu consultório, pude sentir o quanto estava aborrecida com sua vida. Sempre que um novo paciente passa pela minha porta, "ouço" o que seus chakras têm a dizer.

O agendamento inicial da Sra. B era para uma sessão de acupuntura para tratar o estresse e as dores no tornozelo. Como acupunturista credenciada, trabalho com a Medicina Tradicional Chinesa. Comecei sentindo seu pulso e examinando sua língua para avaliar a saúde dos seus órgãos. Mas, como acontece com a maioria dos pacientes, algo mais profundo do que problemas físicos trouxe a Sra. B à minha porta. Eu sabia que ela queria abordar alguma coisa a mais do que apenas dores no tornozelo e estresse do trabalho – mesmo que ainda não tivesse consciência do que seria.

Eu cresci como uma "empata". Talvez esta seja a primeira vez que você se depara com esse termo. Ele deriva da mesma raiz de *empatia* e se refere a uma pessoa que sente intuitivamente o que outras sentem, quase como se ela mesma estivesse sentindo. Como em geral acontece, não compreendi de imediato o que era ser empata ou como aceitar meus dons intuitivos. Muitas vezes fui discriminada por ser demasiado sensível ou esquisita. Então, em um esforço para me ajustar, separei-me dessa parte de mim. Sem dúvida, essa sensibilidade exagerada só me causava problemas! Mas quando nos afastamos de quem realmente somos, o nosso corpo quase sempre começa a "falar" por meio de sintomas físicos, emocionais, mentais e mesmo espirituais – até prestarmos atenção a ele e corrigirmos a situação.

Enquanto falávamos sobre sua saúde e sobre os sintomas que levaram a Sra. B a procurar tratamento, senti que ela carregava medo.

Não por coincidência, ela logo disse que sentia sua criatividade sufocada no trabalho, que odiava. O que ela de fato queria era ser instrutora de yoga e escrever sobre cura e bem-estar holístico, mas tinha medo de começar por conta própria. Não confiava em sua sabedoria interior e vivia identificando-se com as dores do passado – dores que a impediam de alcançar esses objetivos.

Com acupuntura, Reiki, trabalho com cristais e muita compaixão, em pouco tempo a Sra. B desabrochou, equilibrando as emoções que evitava sentir (que a impediam de ser feliz) e valorizando suas próprias formas de expressão criativa. Ela saiu do emprego que detestava, concluiu seus estudos de yoga e começou a escrever para um *site* de bem-estar. Ao final dos tratamentos, a dor no tornozelo havia desaparecido. Passado algum tempo, ela só aparecia para sessões de manutenção.

Como a Sra. B, todos nós criamos histórias para nós mesmos – histórias que informam como vivemos nossa vida. Embora algumas dessas histórias possam ser verdadeiras, a maioria é ultrapassada. Muitas vezes, a dor dessas histórias sem sentido se acumula em nosso corpo. Mais especificamente, nós recolhemos essa dor em nossos centros de energia, também conhecidos como *chakras*. Descobrindo o que carregamos no nosso sistema de energia individual, podemos nos fortalecer em níveis profundos para nos transformar nas criaturas radiantes que deveríamos ser. Esse é o objetivo deste livro – possibilitar que você descubra e conheça o que carrega em seus chakras, para, assim, encontrar a cura de dentro para fora.

Quer o mundo dos chakras e da cura energética lhe seja novo e você precise de uma cartilha básica para começar, quer você já tenha um conhecimento mais aprofundado do sistema e deseje uma atualização dos elementos fundamentais, este livro o ajudará a tratar e curar a si mesmo por meio da compreensão dos seus chakras e do cuidado a eles dedicado.

I

O POTENTE SISTEMA DE CHAKRAS

Na Parte I, você construirá as bases do seu conhecimento sobre o sistema de chakras.

O Capítulo 1 apresenta as qualidades e os domínios singulares dos sete principais centros de energia do corpo. Com isso você entenderá por que é importante mantê-los em equilíbrio e livres de bloqueios.

No Capítulo 2, você conhecerá as diferentes técnicas de tratamento e cura que foram desenvolvidas para manter o sistema de chakras saudável. O aprendizado dessas diversas técnicas o ajudará a encontrar o caminho de cura mais apropriado para seu caso.

1
ASPECTOS GERAIS DOS CHAKRAS

Neste capítulo, vou apresentar o sistema de chakras – o que são chakras, como senti-los, como funcionam, alguns mitos e algumas advertências sobre o trabalho com eles e como envolver-se com segurança com seus centros de energia. Você conhecerá as características individuais de cada chakra e as possíveis causas de bloqueios de energia, bem como o que acontece com sua saúde física, emocional, mental e espiritual quando esses centros estão em harmonia ou em desarmonia.

O Que são os Chakras?

Você já está bastante familiarizado com seu corpo físico: conhece a sensação produzida pela flexão ou pelo alongamento de uma parte do corpo; sabe que os músculos estão grudados nos ossos; que os nervos conduzem impulsos para os membros, o tronco e a cabeça; e que tudo o que você come e bebe afeta sua saúde.

Assim, tem condições de observar como aspectos do seu físico estão interligados e como suas percepções por meio do tato, do olfato, do paladar, da visão e da audição informam-se mutuamente, criando suas experiências de vida. No entanto, o corpo físico não é o único que você tem. Quer você estude o sistema de chakras ou física quântica, você aprenderá que tudo é energia, com sua própria frequência vibracional. Desde os átomos mais elementares que criam as nossas células, os nossos órgãos, ossos, músculos e sistemas corporais até o planeta mais expansivo do sistema solar, tudo é feito de energia. E essa energia tem muitos nomes: *qi*, *ki*, chi, prana, mana, força ódica, bioplasma e energia da força vital, entre muitos outros.

O corpo energético é o campo de energia humano que se expande além do corpo físico. Assim como seu corpo físico é constituído de muitas camadas – sistema nervoso, musculatura e estrutura esquelética – com funções complexas e em parte coincidentes, seu corpo energético também consiste em muitas camadas interagentes. À semelhança do corpo físico, cada camada atende a um propósito específico e todas trabalham coletivamente como uma única. Juntas, as camadas do corpo energético são chamadas aura. A sua aura interage tanto com o corpo físico quanto com os seus centros de energia, ou chakras.

A palavra *chakra* deriva do termo sânscrito *cakra*, que significa "roda". Ela foi mencionada pela primeira vez nos Vedas, antigos textos hindus datados de cerca de 1500 a.C. Ao longo da História, muitas culturas – entre elas a egípcia, a hindu, a chinesa, a sufi, a zoroastriana, a grega, a nativa americana, a inca e a maia – conheceram esses centros de energia, ou o sistema de chakras, como um reflexo da lei natural existente no universo e como contraparte entremeada com o nosso eu físico.

Chakras são vórtices de energia presentes dentro de cada um de nós. Esses vórtices transportam energia do universo ao nosso redor para nossa aura e nosso corpo, bem como entre o corpo físico e as camadas da aura. Você pode imaginar seu sistema de chakras como uma corrente sanguínea espiritual. O sangue transporta oxigênio, nutrientes e hormônios para todo o corpo, ajuda a regular e equilibrar o corpo e o protege removendo resíduos e coagulando em casos de ferimento. Assim como a corrente sanguínea interliga e sustenta inúmeros outros sistemas físicos, o seu sistema de chakras conecta e dá suporte ao seu eu físico e ao seu eu energético.

Todas as coisas vivas – seres humanos, animais, plantas, árvores e a própria Terra – têm dentro delas um sistema de chakras, um sistema vivo de vórtices de energia. No corpo humano, esse sistema é composto de sete chakras principais e de inúmeros secundários. Cada chakra principal está associado a órgãos e glândulas específicos, a funções e disfunções físicas e a questões emocionais, mentais e espirituais. Outros detalhes sobre cada um encontram-se mais adiante neste capítulo.

Quando entramos em contato com a energia dos nossos chakras, estabelecemos uma relação mais plena com nós mesmos e aprendemos a nos tratar e curar em todos os níveis, praticando uma verdadeira medicina holística. É por isso que práticas baseadas no *mindfulness* (atenção plena), como a meditação, ajudam a harmonizar a mente com o corpo e com o espírito, que certas atividades físicas ajudam a clarear a mente e a concentrar a atenção e que o cuidado com o espírito promove a saúde da mente e do corpo.

Tudo está conectado.

SINTA SEUS CHAKRAS

Para entrar em contato com sua energia, posicione as mãos uns vinte centímetros à sua frente, palmas voltadas uma para a outra, mantendo entre ambas uma distância aproximada de cinco centímetros. Sinta como a temperatura e a energia aumentam entre as mãos (as quais contêm chakras secundários). Afaste ligeiramente as mãos, expandindo a energia entre as palmas. Em seguida, aproxime-as novamente, condensando a energia. Repita esse vaivém algumas vezes, brincando com a energia entre as mãos. Não se preocupe se não sentir nada no início. Relaxe, deixe a mente livre e continue a prática, mantendo-se aberto e em sintonia consigo mesmo.

À medida que se familiarizar com sua energia, você conseguirá sentir não só o calor das mãos (que aumentará, mesmo com as mãos mais afastadas), mas também uma leve carga de energia entre elas. Com tempo e paciência, você sentirá essa carga com mais intensidade, ainda que com as mãos mais distantes.

Você pode sentir também os chakras principais. Por exemplo, para ter a sensação do chakra do coração, posicione as palmas no centro do peito. Respire natural e lentamente pelo nariz. Sinta o aquecimento que se forma nessa área, tanto nas mãos como no peito. Sinta os batimentos cardíacos ou o sangue fluindo e também a expansão do chakra do coração.

Você conseguiu sentir? Parabéns, você está entrando em contato com seus chakras! Caso não sinta nada ainda, não se preocupe. Com o tempo e a prática, sua sensibilidade aumentará.

O Poder de Cura dos Chakras

O conhecimento dos chakras como recursos de cura e caminhos para a iluminação faz parte da sabedoria ancestral – uma sabedoria presente há séculos em muitas culturas antigas. Um interesse mais recente pelos chakras decorre do fato de termos mais consciência de que só os cuidados com a saúde física não resultam em bem-estar pleno. Apesar dos grandes avanços da medicina moderna, algo ainda parece faltar, embora não consigamos definir exatamente o que seja.

Como filha de médico, estou plenamente ciente das contribuições da medicina ocidental para a saúde e aprecio seu valor. Cresci lendo as referências médicas do meu pai e aprendi que o corpo humano é maravilhoso. Não obstante, acredito que as pessoas, como coletividade, estão começando a perceber que de alguma forma – mesmo que incompreensível até certo ponto – outros fatores influenciam nossos problemas de saúde atuais.

O que dizer se você descobrisse que muitos problemas de saúde (excetuando episódios como acidentes de carro e traumas físicos diretos) poderiam ser evitados se suas manifestações sintomáticas fossem tratadas no corpo energético?

Volte-se para os chakras.

Quando nossos chakras estão em equilíbrio, a vida flui harmoniosamente e a saúde é boa. Se um chakra fica bloqueado, acabamos padecendo de alguma perturbação emocional ou adoecendo.

Como tudo é energia, quando nos recuperamos e mantemos a saúde do corpo energético – por meio de modalidades de tratamento como acupuntura, Reiki, meditação, yoga e *qi gong*, entre outras, e adotamos um estilo de vida e uma alimentação mais apropriados, de fato, resolvemos possíveis problemas *antes* que se manifestem no corpo físico.

MITOS SOBRE A CURA DOS CHAKRAS

Antes de entrar nos aspectos específicos do sistema de chakras, quero desfazer alguns mitos sobre o trabalho de cura dos chakras.

Mito 1: A cura dos chakras é um trabalho externo. Quer você receba ou não ajuda externa de um praticante em sua jornada de cura dos chakras, no final é você que cura *a si mesmo*, não outra pessoa. Sempre digo isso aos meus pacientes. Embora eu use às vezes o termo "terapeuta" em referência ao que faço, a cura é *sempre* um trabalho interno. Conquanto um praticante possa nos orientar em nossa caminhada, cada um de nós é responsável por sua própria cura.

Mito 2: A cura dos chakras está associada a uma religião específica. Embora as fontes originais do sistema de chakras se encontrem em textos religiosos, a cura dos chakras expandiu-se a partir daí para uma compreensão e prática mais amplas, sendo hoje adotada por pessoas de muitos estilos de vida e com variadas experiências. O cuidado com a saúde dos chakras se tornou uma prática importante para muitos que percorrem o caminho espiritual e não tem relação com nenhuma religião.

Mito 3: A cura dos chakras é uma forma de ritual demoníaco ou maléfico. A verdadeira cura dos chakras, feita da forma correta, é exatamente o oposto disso. Você infunde luz, compreensão e consciência em seu corpo, sua mente, seu espírito e seu coração – qualidades essas que dissipam as trevas.

ADVERTÊNCIAS SOBRE A CURA DOS CHAKRAS

Ao tratar seus chakras, tenha em mente o seguinte:

Seja paciente consigo mesmo. Com frequência percebo que muitos que estão apenas começando a entrar em contato com seus chakras perdem a paciência consigo mesmos com muita facilidade. Em geral, consideram-se fracassados se não conseguem progressos imediatos. Lembre-se de que cada pessoa é diferente, de que cada uma tem sua linha do tempo perfeita de desenvolvimento pessoal e de que tudo acontece exatamente como deve, inclusive a cura. O tratamento dos chakras, seja para resolver um problema específico, seja para alcançar a iluminação, é uma atividade interior, não um objetivo. Por isso, à semelhança do que ocorre com a recuperação física, a cura dos chakras não é algo que você pode simplesmente "acelerar". No entanto, aplicações de tratamentos e de outras técnicas podem limpar a sujeira energética e proporcionar mais harmonia aos seus centros de energia. Transformação requer paciência. Seja indulgente consigo mesmo à medida que prossegue na caminhada.

Não se esforce além do razoável nem pressione sua energia.
Pessoas muito ansiosas para se relacionar com os chakras quase sempre se esforçam além dos seus limites, o que gera sofrimento. Se esse for seu caso, em pouco tempo acabará com dores de cabeça, literalmente. Assim que começar a sentir alguma resistência, interrompa a prática que estiver realizando.

Quando necessário, procure ajuda de um praticante de cura.
Você pode fazer muitas coisas sozinho, mas, às vezes, uma orientação pode ser útil, especialmente se estiver encontrando dificuldades em sua jornada de cura ou se dores afetarem sua qualidade de vida. Se e quando resolver procurar ajuda, verifique se o praticante está licenciado ou credenciado em sua modalidade. Informe-se cuidadosamente a respeito dele antes de agendar uma consulta. Esteja convicto de que a escolha será boa e segura para você.

Chakras Básicos

O sistema de chakras é constituído de sete chakras principais situados no interior do corpo. Cada chakra está relacionado a um propósito específico e todos estão interligados.

CHAKRA DA COROA — ESPIRITUALIDADE
CHAKRA DO TERCEIRO OLHO — INTUIÇÃO
CHAKRA DA GARGANTA — COMUNICAÇÃO
CHAKRA DO CORAÇÃO — AMOR, COMPAIXÃO
CHAKRA DO PLEXO SOLAR — AUTOESTIMA, PODER
CHAKRA DO PLEXO SACRAL — SEXUALIDADE, CRIATIVIDADE
CHAKRA DA RAIZ — SOBREVIVÊNCIA, ESSÊNCIA, FAMÍLIA

Os três superiores são considerados chakras espirituais, referindo-se à nossa ligação com o Divino e com nosso Eu Superior – a versão de nós mesmos vinculada à nossa mais pura expressão de amor, sabedoria e poder. Os três inferiores são considerados chakras físicos. Eles nos prendem à Terra como seres humanos. Os chakras espirituais e os chakras físicos unem-se no centro por intermediação do chakra do coração.

ATIVAÇÃO DA ENERGIA KUNDALINI

A energia kundalini é a força primordial e iluminadora que desperta todos os seus chakras, com frequência, ao mesmo tempo. Todos nós temos essa energia, mas ela está quase sempre adormecida, tranquilamente deitada e enrolada (como uma serpente) na base da coluna vertebral, ou chakra da raiz.

Talvez você tenha ouvido falar que o trabalho com os chakras pode despertar essa energia, o que é verdade – a abertura dos chakras possibilita essa ocorrência. No entanto, é improvável que a kundalini desperte de repente, após a leitura de um livro ou da aplicação de algumas técnicas de cura dos chakras. O processo normalmente ocorre ao longo de um período de tempo e para pessoas que se dedicaram a ele ativa e sistematicamente em sua vida, talvez praticando o Kundalini Yoga ou recebendo ou realizando trabalho energético de modo habitual.

Quando feito com segurança, aos poucos, com supervisão e um trabalho espiritual simultâneo, o despertar da energia kundalini pode ser cheio de alegria, consciência profunda e sensibilidade psíquica e intuitiva aumentadas. Por esse motivo, os que buscam a iluminação, em geral, procuram ativá-la por meio de várias práticas, inclusive do Kundalini Yoga e da meditação.

Entretanto, se a energia kundalini desperta de modo espontâneo, por meio do yoga ou de outra forma (como a interação com alguém, um guru talvez, cuja kundalini já foi despertada), e você não está totalmente preparado para isso ou tem bloqueios em seus chakras, a energia pode ficar presa. Pode ser muito difícil controlar os dolorosos sintomas físicos provocados pela enorme energia que invade todo seu corpo. Em alguns casos, essas ondas intensas de energia podem levar o iniciado despreparado à instabilidade mental e emocional. Quando sua energia kundalini desperta espontaneamente, e você ainda não está preparado, é fundamental encontrar um bom orientador espiritual que o ajude ao longo do processo.

Além disso, embora o despertar da energia kundalini tenha resistido ao teste do tempo, essa ativação não é o único modo de invocar o poder dos chakras. Outras modalidades propícias ao despertar dos chakras são mais suaves e agradáveis.

CHAKRA DA RAIZ

O primeiro chakra físico é o chakra da raiz, em grande parte responsável pela sensação de segurança e proteção.

Chakra da Raiz em Desarmonia

Quando o chakra da raiz está em desarmonia, temos dificuldade de confiar no universo. Também nos sentimos sem raízes, apartados da Mãe Terra, com problemas em torno de crenças ancestrais (a nossa identidade em relação à consciência ancestral) ou de questões familiares, com dúvidas se as nossas necessidades mais básicas e primordiais estão sendo atendidas (como alimento, abrigo, vestuário e amor); vivemos movidos pelo medo e pela insegurança.

Chakra da Raiz em Harmonia

Com o chakra da raiz em harmonia, estamos profundamente ligados à natureza, nos sentimos enraizados, confiamos nas leis naturais e somos capazes de acompanhar as flutuações da vida. Também compreendemos que sempre encontraremos meios de nos sustentar, que estamos vinculados à nossa consciência ancestral e à família de maneira saudável, e nos sentimos seguros.

NOME SÂNSCRITO
Muladhara

OUTROS NOMES
Primeiro chakra, chakra da base, chakra básico

LOCALIZAÇÃO
No períneo, entre os genitais e o ânus, base da coluna

COR
Vermelho

ELEMENTO
Terra

AFIRMAÇÃO
"Eu sou"

GLÂNDULAS
Adrenais

PARTES DO CORPO FÍSICO
O corpo físico, base da coluna, pernas, ossos, pés, reto, sistema imunológico, intestino grosso, dentes

LIÇÃO DE VIDA
Sentir-se seguro e protegido no "plano físico", manifestar nossas necessidades básicas e cultivar uma sexualidade saudável (física)

DISFUNÇÃO FÍSICA
Dor lombar crônica, ciática, varizes, tumor/câncer retal, hemorroidas, constipação, artrite degenerativa, problemas nos joelhos, depressão, distúrbios relacionados à imunidade, problemas de peso

QUESTÕES MENTAIS/EMOCIONAIS
Segurança e proteção da família e do grupo, capacidade de prover às necessidades da vida, capacidade de defender-se

POSSÍVEIS CAUSAS DE BLOQUEIOS DE ENERGIA
Medo de estar vivo, culpa

CRISTAIS
Rubi, granada, turmalina negra, heliotrópio, hematita, obsidiana, ônix, jaspe vermelho, magnetita, quartzo-enfumaçado, ágata de fogo

ÓLEOS ESSENCIAIS
Mirra, *vetiver*, sândalo, *patchouli*, nardo

CHAKRA DO PLEXO SACRAL

Localizado acima do chakra da raiz está o chakra do plexo sacral – o segundo chakra, e o mais diretamente ligado às atividades sexuais e reprodutivas, bem como às emoções e à criatividade.

Chakra do Plexo Sacral em Desarmonia

Temos dificuldade de expressar nossos sentimentos (ou estamos apartados deles), desconhecemos o que é prazeroso e guardamos raiva não processada. Sentimo-nos reprimidos em nossa criatividade e ressentidos por não conseguir produzir ideias. Também podemos ter problemas de relacionamento (platônico e romântico) e de reprodução, ou, ainda, sentir-nos vacilantes ou até doentios em relação a aspectos da nossa sexualidade. Sentimentos de vergonha também estarão presentes. Além disso, podemos ter problemas com dinheiro e abundância, quer valorizando em demasia a obtenção de bens materiais, quer simplesmente deixando de usufruir o que temos em abundância.

Chakra do Plexo Sacral em Harmonia

Acompanhamos o fluxo da nossa expressão criativa, estamos em contato com o prazer, sendo capazes de compartilhar (e expressar) sentimentos de maneiras sadias e de criar e manter relacionamentos saudáveis; estamos em harmonia com os aspectos emocionais da sexualidade de maneiras que nos amparam. Sentimo-nos em paz com a nossa abundância, podendo inclusive ter contato com nossa clarissenciência (o dom de receber informações intuitivas por meio do sentimento). Também temos uma relação saudável com o dinheiro e mantemos facilmente a abundância em nossa vida de maneira equilibrada.

NOME SÂNSCRITO
Svadhisthana

OUTROS NOMES
Segundo chakra, chakra sacral/do sacro, sexual, esplênico, pélvico, umbilical

LOCALIZAÇÃO
Cinco centímetros abaixo do umbigo

COR
Laranja

ELEMENTO
Água

AFIRMAÇÃO
"Eu sinto"

GLÂNDULAS
Ovários, testículos

PARTES DO CORPO FÍSICO
Útero, genitais, vértebras inferiores, pelve, apêndice, bexiga, área dos quadris, rins

LIÇÃO DE VIDA
Usar as emoções para nos relacionar com as pessoas sem perder nossa identidade e para expressar livremente a criatividade e uma sexualidade saudável (emocional)

DISFUNÇÃO FÍSICA
Dor lombar crônica, ciática, problemas ginecológicos, dor na pelve, impotência, frigidez, problemas uterinos/vesicais/renais

QUESTÕES MENTAIS/EMOCIONAIS
Culpa e remorso, dinheiro, sexo, poder e controle, criatividade, ética, honra nos relacionamentos

POSSÍVEIS CAUSAS DE BLOQUEIOS DE ENERGIA
Abuso ou trauma sexual, estupro, questões de gênero

CRISTAIS
Cornalina, âmbar, pedra da lua, coral, turmalina laranja, pedra do sol

ÓLEOS ESSENCIAIS
Ilangue-ilangue, limão, *patchouli*, pau-rosa, sândalo

CHAKRA DO PLEXO SOLAR

Acima do chakra do plexo sacral localiza-se o chakra que corresponde à nossa personalidade, autoestima e ao senso de valor – o chakra do plexo solar.

Chakra do Plexo Solar em Desarmonia

Temos necessidade de dominar e controlar, temos uma grande necessidade de ter prestígio e de manter as aparências, e nos movimentamos no mundo com sentimentos profundos de inadequação. Ou seja, não nos respeitamos e podemos inclusive odiar a nós mesmos. Podemos ceder nosso poder a outros, perdendo nosso senso de identidade.

Chakra do Plexo Solar em Harmonia

Sentimo-nos completos, centrados em quem somos, conhecemos nosso valor pessoal, cultivamos nosso poder pessoal de maneiras saudáveis e estamos em contato com nosso guerreiro interior. Há equilíbrio entre o mundo espiritual e o mundo material, desenvolvemos tolerância e aceitação (de nós mesmos e dos outros) e sentimos paz e serenidade.

NOME SÂNSCRITO
Manipura

OUTROS NOMES
Terceiro chakra, chakra gástrico, chakra do poder

LOCALIZAÇÃO
Cinco centímetros acima do umbigo

COR
Amarelo

ELEMENTO
Fogo

AFIRMAÇÃO
"Eu posso"

GLÂNDULAS
Pâncreas, adrenais

PARTES DO CORPO FÍSICO
Abdômen, estômago, intestino superior, fígado, vesícula biliar, baço, coluna torácica

LIÇÃO DE VIDA
Conhecer a intensidade das nossas capacidades e da nossa autoestima, viver a tarefa da nossa vida ou o propósito de vida da alma

DISFUNÇÃO FÍSICA
Artrite, úlceras gástricas ou duodenais, problemas intestinais/de cólon, pancreatite/diabetes, indigestão crônica ou aguda, anorexia ou bulimia, disfunção hepática ou adrenal, fadiga, hepatite, diabetes

QUESTÕES MENTAIS/EMOCIONAIS
Confiança, medo, intimidação, autoestima, autoconfiança, autorrespeito, cuidado de si e dos outros, responsabilidade para tomar decisões, sensibilidade à crítica, honra pessoal

POSSÍVEIS CAUSAS DE BLOQUEIOS DE ENERGIA
Raiva contida ou reprimida, problemas de controle, especialmente em áreas relacionadas ao poder

CRISTAIS
Citrino, âmbar, topázio amarelo, olho de tigre, ágata amarela, quartzo-rutilado

ÓLEOS ESSENCIAIS
Limão, lavanda, pau-rosa, camomila romana, alecrim

CHAKRA DO CORAÇÃO

O chakra do coração representa a nossa relação com os aspectos físicos e espirituais de nós mesmos. Por ocupar essa posição central – conectando os chakras físicos e espirituais – é nele também que entramos em contato com o nosso Eu Superior em relação ao resto do mundo (e até mesmo ao universo).

Chakra do Coração em Desarmonia

Estamos separados de nós mesmos, temos dificuldade de nos amar ou de dar amor desde um lugar verdadeiro, não nos consideramos merecedores de amor (e, assim, temos dificuldade de receber amor), não nos comunicamos com quem somos e por isso, por falta de união com o Eu, desenvolvemos estados depressivos.

Chakra do Coração em Harmonia

Vivemos em comunhão com nós mesmos, cultivamos a alegria facilmente, nos amamos e nos aceitamos (e, por extensão, amamos e aceitamos os outros). Damos e recebemos amor de fato e desenvolvemos a compaixão por nós mesmos e pelos outros.

NOME SÂNSCRITO
Anahata

OUTROS NOMES
Quarto chakra, chakra cardíaco

LOCALIZAÇÃO
No centro do peito

COR
Verde

ELEMENTO
Ar

AFIRMAÇÃO
"Eu amo"

GLÂNDULAS
Timo

PARTES DO CORPO FÍSICO
Coração, pericárdio, sistema circulatório, pulmões, ombros, braços, costelas, seios, diafragma

LIÇÃO DE VIDA
Sentir compaixão e integrar-nos com nós mesmos e com outras pessoas

DISFUNÇÃO FÍSICA
Insuficiência cardíaca congestiva, ataque cardíaco, doença cardíaca, asma/alergias, câncer de pulmão, pneumonia brônquica, doença pulmonar, câncer de mama, pressão alta

QUESTÕES MENTAIS/EMOCIONAIS
Amor e ódio, ressentimento, tristeza, egocentrismo, solidão, perdão, compaixão, esperança, confiança

POSSÍVEIS CAUSAS DE BLOQUEIOS DE ENERGIA
Tristeza ou desgosto reprimidos

CRISTAIS
Quartzo rosa, esmeralda, turmalina verde, jade, calcita verde, cianita verde, peridoto

ÓLEOS ESSENCIAIS
Rosa, gerânio, néroli, *palmarosa*, bergamota, lavanda, melissa/erva-cidreira, ilangue-ilangue

CHAKRA DA GARGANTA

O primeiro dos chakras espirituais – o chakra da garganta – tem muito a ver com a nossa voz verdadeira, autêntica, onde crença e compreensão se harmonizam.

Chakra da Garganta em Desarmonia
Temos dificuldade de manifestar a nossa verdade ou de nos expressar, nos sentimos silenciados e julgados pelo que dizemos, estamos em conflito com quem somos e sem contato com nossa vontade de viver.

Chakra da Garganta em Harmonia
A nossa vontade de viver é forte e somos capazes de perseguir nossos sonhos. Expressamos a nossa verdade – dizemos o que queremos e queremos dizer o que dizemos. Expressamo-nos com facilidade, criatividade e autenticidade, ouvimos a nossa voz interior e mantemos equilíbrio entre silêncio e fala.

NOME SÂNSCRITO
Vishuddha

OUTROS NOMES
Quinto chakra, chakra laríngeo

LOCALIZAÇÃO
Na frente da base do pescoço, na cavidade da clavícula

COR
Azul-claro

ELEMENTO
Som

AFIRMAÇÃO
"Eu falo"

GLÂNDULAS
Tireoide, paratireoide

PARTES DO CORPO FÍSICO
Garganta, traqueia, vértebras cervicais, boca, dentes e gengivas, esôfago, hipotálamo, ombros, braços, mãos

LIÇÃO DE VIDA
Dizer e receber a verdade

DISFUNÇÃO FÍSICA
Garganta dolorida ou irritada, úlceras bucais, gengivites, disfunção da articulação temporomandibular (ATM), pescoço rígido, escoliose, glândulas inchadas, problemas de tireoide

QUESTÕES MENTAIS/EMOCIONAIS
Força de vontade, expressão pessoal, busca dos próprios sonhos, uso do poder pessoal para criar, escolha e capacidade de tomar decisões, vício, julgamento, críticas, fé

POSSÍVEIS CAUSAS DE BLOQUEIOS DE ENERGIA
Dificuldade de se expressar, retendo ou engolindo palavras, repressão de habilidades criativas

CRISTAIS
Turquesa, cianita azul, água-marinha, celestita, iolita, sodalita, lápis-lazúli

ÓLEOS ESSENCIAIS
Lavanda, alecrim, olíbano, camomila alemã, hissopo

CHAKRA DO TERCEIRO OLHO

O sexto chakra – o chakra do terceiro olho – está associado ao nosso "sexto sentido"; é o centro da nossa sabedoria, percepção espiritual e intuição.

Chakra do Terceiro Olho em Desarmonia

Identificamo-nos apenas com o intelecto, rejeitando todos os aspectos espirituais de nós mesmos. Não confiamos na nossa intuição (nem mesmo temos consciência dela), enxergando tão somente a realidade física da vida e sentindo muito medo da nossa voz interior.

Chakra do Terceiro Olho em Harmonia

Inserimos nossa intuição e consciência nos aspectos cotidianos da vida. Confiamos em nossa voz interior e agimos de acordo com o que nossa intuição nos diz (o que a fortalece). Temos um saber profundo que supera o que vemos fisicamente e inclusive estamos em contato com nossa clarividência (o dom de receber informações intuitivas por meio da visão interior, sem a participação dos órgãos dos sentidos).

NOME SÂNSCRITO
Ajna

OUTROS NOMES
Sexto chakra, chakra frontal/da testa/das sobrancelhas

LOCALIZAÇÃO
Entre as sobrancelhas

COR
Índigo

ELEMENTO
Luz

AFIRMAÇÃO
"Eu vejo"

GLÂNDULAS
Pineal

PARTES DO CORPO FÍSICO
Cérebro, sistema nervoso, olhos, orelhas, nariz

LIÇÃO DE VIDA
Servir-se da inspiração e da intuição para ver além do físico, além da matéria

DISFUNÇÃO FÍSICA
Tumor/hemorragia cerebral, AVC, distúrbios neurológicos, cegueira, surdez, problemas de coluna, distúrbios de aprendizagem, convulsões, dores de cabeça, visão embaçada

QUESTÕES MENTAIS/EMOCIONAIS
Autoavaliação, autenticidade, habilidades intelectuais, sentimentos de adequação, abertura às ideias de outros, capacidade de aprender com a experiência, inteligência emocional

POSSÍVEIS CAUSAS DE BLOQUEIOS DE ENERGIA
Falta de confiança na própria intuição

CRISTAIS
Lápis-lazúli, ametista, fluorita, lepidolita, sugilita, tanzanita, quartzo transparente, safira-estrela, cianita

ÓLEOS ESSENCIAIS
Lavanda, olíbano, sândalo

CHAKRA DA COROA

O último chakra espiritual – o chakra da coroa – é a ponte que nos liga ao Divino e ao nosso Eu Superior.

Chakra da Coroa em Desarmonia

Sentimo-nos totalmente separados do Divino/Fonte/Universo/Deus(a). Podemos até ter raiva de Deus. Temos dificuldade de confiar em nosso caminho e em nossa vida em geral. Sentimo-nos deprimidos, sozinhos, insatisfeitos com a vida e incapazes de nos livrar da ansiedade e do medo.

Chakra da Coroa em Harmonia

Vivemos no conhecimento da Unidade – a ideia de que estamos todos interligados. Compreendemos que somos reflexos individuais do Divino, acreditamos que estamos ligados ao Divino e entendemos que a nossa identidade individual estende-se além da forma física. Também temos uma capacidade e facilidade maiores de elevar nossa consciência.

NOME SÂNSCRITO
Sahasrara

OUTROS NOMES
Sétimo chakra, chakra coronário

LOCALIZAÇÃO
No topo e centro da cabeça

COR
Violeta, branco, dourado

ELEMENTO
Pensamento

AFIRMAÇÃO
"Eu sei"

GLÂNDULAS
Hipófise (pituitária)

PARTES DO CORPO FÍSICO
Sistema muscular, sistema esquelético, pele, córtex cerebral, sistema nervoso central

LIÇÃO DE VIDA
Viver o significado divino da vida

DISFUNÇÃO FÍSICA
Distúrbios energéticos, depressão, exaustão crônica sem relação com problemas físicos, extrema sensibilidade a luz/som/outros fatores ambientais, confusão, apatia, alienação

QUESTÕES MENTAIS/EMOCIONAIS
Capacidade de confiar na vida, valores, ética, coragem, abnegação, capacidade de ver o padrão ou cenário mais amplo, fé, inspiração, espiritualidade, devoção

POSSÍVEIS CAUSAS DE BLOQUEIOS DE ENERGIA
Falta de confiança no Divino ou na vida, raiva não resolvida contra o Divino

CRISTAIS
Ametista, quartzo transparente, diamante Herkimer, labradorita, pedra da lua, selenita, fenacita, kunzita, apofilita, topázio branco

ÓLEOS ESSENCIAIS
Olíbano, hortelã-pimenta, sândalo, lótus

2
O TRABALHO COM OS CHAKRAS

Neste capítulo, veremos os métodos mais comuns adotados por praticantes para utilizar a energia dos chakras e como esses métodos funcionam. Também faremos algumas recomendações quanto ao momento mais apropriado para receber um tratamento de acupuntura ou de Reiki para equilibrar os chakras. Por fim, ofereceremos algumas orientações para manter um sistema de chakras equilibrado e para organizar um espaço sagrado de cura em casa ou no trabalho.

Como Utilizar a Energia dos Chakras

Vários são os métodos que podemos usar em casa para promover a cura dos chakras, como visualizações e meditações, a mudança de velhos hábitos, a prática do yoga, o uso de cristais e óleos essenciais e um melhor aproveitamento da nossa alimentação. Como diferentes pessoas se sentem atraídas por diferentes modalidades de cura, abordamos aqui uma diversidade de métodos. No geral, recomendo a meus pacientes que escolham técnicas de cura pelas quais se sintam mais atraídos, com as quais se sintam mais à vontade, pois nenhuma delas é necessariamente melhor do que outra.

Dito isso, se você está enfrentando problemas físicos, pode ser útil iniciar com mudanças na alimentação, com yoga, massagem, acupuntura e outros trabalhos de corpo. Se suas dificuldades se relacionam aos pensamentos ou às emoções, a meditação e o trabalho com cristais ou óleos essenciais podem ser um bom ponto de partida.

MEDITAÇÃO E VISUALIZAÇÕES

A meditação é uma forma de exercício mental que habilita a mente a manter-se concentrada em um determinado objeto, objetivo ou sensação, como a respiração, por exemplo.

Objetivo

A meditação é uma maneira de acalmar a tagarelice mental. Quando praticada regularmente, ajuda a transformar a consciência, produzindo um estado de paz interior e promovendo clareza mental, emoções positivas, sabedoria e concentração, além de nos reconduzir à realidade quando estamos dispersos em devaneios. Mantendo um foco específico, como a respiração, um mantra ou uma imagem, a mente deixa de "borboletear" e de se extraviar em pensamentos, emoções e outras divagações. As meditações também podem incluir visualizações. Você cria uma imagem mental voltada a um propósito específico. Visualizar as cores ou o movimento interno de um chakra ajuda a entrar em contato com os chakras e a fortalecê-los.

Como a meditação implica a capacidade de observar emoções e pensamentos erráticos sem julgamento, aprendemos a controlar nossas reações a estímulos que, de outra forma, poderiam criar reações dolorosas ou perturbadoras. Essa habilidade – denominada *mindfulness* (atenção plena) – pode ser uma ferramenta muito eficiente para desenvolver a calma e a compaixão em sua vida cotidiana. Para os fins deste livro, esta é também uma maneira de entrar em contato com seus chakras e fortalecê-los. Recorra à meditação para descobrir o que você está retendo em um centro de energia específico, favorecendo, assim, melhor relacionamento com seus corpos físico e energético.

Procedimento

Existem muitas maneiras de meditar – você pode sentar ou deitar, pode ficar parado ou meditar enquanto realiza uma atividade como caminhar, pintar um quadro, tocar um instrumento ou escrever um diário. Algumas pessoas praticam de 5 a 10 minutos por dia; outras dedicam mais tempo a esse encontro consigo mesmas. Na Parte 2 deste livro, abordaremos diferentes exercícios de meditação para tratar os chakras. A maioria deles não exigirá mais do que 5 a 10 minutos de recolhimento.

Eficácia

A meditação é uma prática ampla e extensamente testada ao longo dos tempos. Ela voltou a despertar o interesse das pessoas nas últimas décadas, sem dúvida, porque muitos de nós queremos desenvolver uma prática para aquietar a mente e criar paz interior em meio ao nosso estilo de vida agitado. Mas não se trata apenas de um modismo passageiro. Na realidade, um estudo de 2016 publicado na revista *Consciousness and Cognition* descobriu que uma única sessão de meditação reduz sintomas fisiológicos de raiva – tanto em meditadores experientes quanto em novatos.

Prós e Contras Desse Método

Prós: Em termos positivos, a meditação pode ser feita a qualquer hora, em qualquer lugar, em qualquer período de tempo. Ela cria uma relação mais profunda com o Eu e facilita a passagem a uma consciência superior. Também nos ajuda a confiar em nossa capacidade de autocura e a desenvolver a atenção plena, imbuindo de paz todos os demais aspectos da nossa vida. Além disso, como essa prática aperfeiçoa a si mesma, ela fortalece outras modalidades de autoconhecimento que você talvez já realize.

Contras: A expressão "mente de macaco" diz tudo. A mente tentará distraí-lo da sua prática, normalmente invocando as tarefas do dia, como o que você terá para o jantar, ou pensamentos que tem evitado, como preocupações com suas economias. Mesmo praticantes experientes são perturbados pela "mente de macaco". A meditação é chamada "prática" por uma razão muito compreensível: o desenvolvimento de uma consciência profunda e da paz interior por meio da meditação requer muito tempo. Não se trata de uma solução rápida que surge da noite para o dia.

MUDANÇA DE VELHOS HÁBITOS

Você pode restabelecer o equilíbrio dos seus chakras substituindo hábitos prejudiciais e nocivos por hábitos novos e saudáveis.

Objetivo

Mudanças de comportamento e de estilo de vida nos ajudam a interromper padrões estabelecidos de pensar e reagir ao ambiente. Muitas vezes, os desequilíbrios em nossos chakras podem ser tratados, em parte, reavaliando nossa posição frente a crenças antigas sobre nós mesmos e nossa interação com outras pessoas.

Procedimento

O primeiro passo para romper com velhos hábitos é tomar consciência do mau hábito e de algum problema que esteja alojado em um chakra específico. Conhecido esse comportamento ou hábito nocivo, podemos trabalhar para mudá-lo ou reagir de forma diferente.

Por exemplo, vamos supor que você tenha dificuldades de se comunicar em uma situação de relacionamento romântico. Não expressar suas necessidades e seus desejos pode ser uma indicação de que o seu chakra da garganta está desequilibrado. Para interromper esse padrão, você pode fazer um registro mental sempre que se perceber aborrecido e amuado após uma discussão acalorada. Ao se dar conta de que está nesse estado, pare e se pergunte como poderia reagir de modo diferente. Em seguida, aplique a nova reação. Qualquer nova reação alcançará esse objetivo, sabendo-se, porém, que reações produtivas e saudáveis sempre serão mais favoráveis do que reações intransigentes ou precipitadas. Talvez você resolva dizer ao seu parceiro ou parceira, de uma forma que ele ou ela ouça você de fato, como a discussão mexeu com seus sentimentos. Assim você favorece a melhora do padrão negativo de silenciar o chakra da garganta. Também alteramos a história da nossa identificação como "alguém que mantém a boca fechada" para "alguém que está trabalhando para se comunicar de forma eficaz".

A mudança de perspectiva com relação a um padrão antigo exige prática e paciência. No entanto, comprometendo-nos com ela por tempo suficiente possibilita-nos romper com velhos hábitos que não nos servem mais e criar hábitos mais saudáveis.

Eficácia

Esse método é eficaz porque, ao alterar nossa perspectiva com relação a um problema recorrente, nos envolvemos ativamente na mudança de padrões antigos que não têm mais serventia. Quando praticado por tempo suficiente e com consistência, eliminamos velhos padrões e velhas crenças alojados em chakras específicos.

Prós e Contras Desse Método

Prós: É um método efetivo! A adoção de novos hábitos, em substituição aos antigos e negativos, produz resultados positivos e saudáveis, mesmo que você ainda não esteja em total sincronia com o seu sistema de chakras.

Contras: Pode ser necessário muito tempo e muita repetição (e paciência) para que os novos padrões se consolidem.

YOGA

Embora existam muitas modalidades de yoga, a mais praticada é a que adota o sistema de *asanas*, o conjunto de posturas físicas, e o sistema de *pranayama*, que são exercícios respiratórios voltados para o fortalecimento físico, mental e espiritual.

Objetivo

Por meio do movimento, os *asanas* despertam a consciência corporal e promovem a integração com o corpo, além de fortalecê-lo e torná-lo resistente. Essa modalidade de yoga é uma ótima ferramenta para autotransformação nos níveis físico, mental e espiritual.

Procedimento

Com a prática de exercícios físicos e de respiração, unimos a mente aos tecidos do corpo. Inúmeras posturas de yoga favorecem a abertura de diversos pontos no corpo, o que resulta em consciência e equilíbrio para os chakras. Ao praticar os *asanas*, levamos o corpo a assumir diferentes posturas físicas, mantendo-as por alguns instantes ou minutos. Ao mesmo tempo, controlamos a respiração de maneiras diferentes, ajudando a energia a circular por todo o corpo e desenvolvendo a atenção plena. Existem diferentes estilos de yoga, alguns dos quais podem ser particularmente úteis para equilibrar os chakras. O Kundalini Yoga, por exemplo, adota posturas físicas específicas, cânticos, técnicas de respiração e meditação para tentar despertar a energia kundalini que flui por meio dos chakras.

Posturas de yoga mais avançadas oferecem um risco maior de lesões (as posturas "invertida sobre a cabeça" e "invertida sobre os ombros", por exemplo, não são apropriadas para iniciantes ou para quem tem alguma lesão no pescoço) e só devem ser realizadas com a ajuda e orientação de um professor de yoga treinado.

Eficácia

O yoga atrai a força vital para os chakras, abrindo-os e despertando a consciência. O yoga nos fixa no nosso corpo por meio de uma experiência sensorial, o que é especialmente proveitoso para quem passa muito tempo "na cabeça", envolvido com atividades mentais, e menos tempo ancorado na energia da terra, ou totalmente presente em seu corpo físico. Também chama a atenção para o modo como as nossas posturas afetam nossa forma de nos movimentar no mundo.

Por exemplo, quando estamos abatidos, tendemos a encurvar os ombros para a frente, imprimindo ao corpo um movimento côncavo. Considerando o corpo energético, fazemos isso para proteger o chakra cardíaco. Todavia, se mantivermos essa postura por muito tempo, podemos desenvolver problemas físicos nos ombros ou na parte superior das costas. A prática do yoga nos ajuda a perceber a rigidez nos ombros e nas costas, a lidar com ela e, por fim, a liberá-la.

Prós e Contras Desse Método

Prós: Como requer muitos movimentos físicos, o yoga pode ser uma excelente modalidade de exercício. As aulas costumam ser ministradas em estúdios silenciosos, e por isso são relaxantes e ótimas para controle do estresse. Como o yoga desenvolve a consciência do corpo, muitas pessoas descobrem que ele as ajuda a ter hábitos alimentares mais saudáveis e as ajuda em outras mudanças positivas no estilo de vida. Além disso, o yoga não necessita de equipamentos dispendiosos.

Contras: As aulas de yoga podem ser caras e não se enquadrar na rotina diária de todos. Embora existam muitos vídeos de yoga gratuitos *on-line*, aprender yoga como iniciante pode ser complicado porque, sem um professor orientador, torna-se difícil saber se se está ou não praticando posturas específicas de maneira adequada. Alguns novatos sentem dores, especialmente de cabeça ou musculares, enquanto seu corpo se adapta às posturas, às alterações de energia e ao esforço físico da prática. Também há certa demora em obter os melhores resultados. Além disso, o yoga deve ser feito em conjunto com o estudo de si e a prática do silêncio para que a cura dos chakras realmente ocorra.

CRISTAIS

Os cristais são usados para extrair ou redirecionar energia, para desenvolver os pontos fortes associados a uma pedra específica e também para reequilibrar e curar.

Objetivo

O trabalho com cristais e pedras preciosas nos põe em contato com a energia natural da Terra para nutrir nossas forças e nossos dons. Também nos ajuda a liberar o que não nos serve mais, a explorar nossos dons, a restaurar o equilíbrio, a curar e a elevar a consciência. Podemos usar os cristais de várias maneiras para enfrentar diferentes dificuldades.

Procedimento

São muitas as maneiras de se trabalhar com cristais. Um modo comum é levar um pequeno cristal consigo, como pingente, brincos, pulseira ou apenas na carteira ou bolsa. Ter um cristal junto ao corpo mantém sua frequência energética ressoando com você ao longo do dia. Outro modo, especialmente ao tratar os chakras, é deitar-se em um local confortável, colocar os cristais específicos de cada chakra sobre o respectivo chakra e ficar meditando (ou simplesmente esvaziando a mente) enquanto as pedras potencializam o que você está trabalhando no momento – liberação de algo de um determinado chakra, desenvolvimento dos seus dons, quebra de padrões ou intenção voltada a algum outro objetivo. Outra boa maneira de usar cristais é segurá-los na mão esquerda (receptora) durante a meditação, para que você possa receber as vibrações de cura benéficas do cristal.

Eficácia

Como vimos anteriormente, lembre-se de que tudo é energia, vibrando em sua própria frequência particular. Também cada cristal tem sua vibração e seu propósito particulares. Ao escolher um cristal para ajudá-lo a alcançar determinado objetivo, ou ao ser atraído por um cristal em particular, você entra em sintonia com a vibração dessa pedra preciosa, pois ela trabalha diretamente com seu corpo energético (e muitas vezes também beneficia o corpo físico). Por exemplo, o quartzo rosa não só ajuda o chakra do coração, mas também reduz a pressão arterial. Tudo está relacionado.

Prós e Contras Desse Método

Prós: Os cristais são esteticamente agradáveis de se ver, eficazes, fáceis de usar e versáteis para se trabalhar. Os efeitos da cura com cristais também podem ser facilmente sentidos; você pode literalmente sentir a pulsação em sua mão quando segura um cristal que é perfeito para o tema sobre o qual está trabalhando.

Contras: Pode levar algum tempo para você se familiarizar com o trabalho com cristais. O custo e o achado dos cristais certos também podem ser complicadores – mas a internet lhe facilita encontrar os cristais específicos que você precisa por um bom valor.

ÓLEOS ESSENCIAIS

A terapia com óleos essenciais é uma prática de cura milenar realizada com compostos naturais, em geral aromáticos e providos de propriedades curativas, existentes em uma imensa variedade de plantas na natureza.

Objetivo

Desde a descoberta dos benefícios curativos de certas plantas, ervas e flores, as pessoas encontraram maneiras de incluí-las na nossa vida – adicionando-as às refeições, elaborando medicamentos, aplicando-as topicamente em áreas afetadas e destilando sua essência aromática.

As pessoas, em geral, já sabem que os óleos essenciais têm um odor fragrante e agradável, mas o que muitas ainda não sabem é que cada vegetal tem também uma ressonância energética própria, o que o capacita a curar tanto o corpo energético sutil quanto o corpo físico. Para quem pensa demais, a terapia com óleos essenciais é excelente porque contorna os processos de pensamento e dirige-se aos níveis profundos do ser. Ela nos ajuda a passar de um estado de emoções intensas para um estado em que conseguimos respirar e relaxar para prosseguir a jornada. Também é proveitosa no trabalho corporal, promovendo a liberação de tensões musculares e o alívio de dores específicas.

Procedimento

No tratamento dos chakras, a aplicação de 5 ou 6 gotas de um determinado óleo essencial a um chakra faz que este se estabilize, centralize, libere ou abra. Adicione algumas gotas do óleo essencial escolhido a um óleo carreador e aplique uma pequena quantidade com um chumaço de algodão ou massageie o chakra diretamente. Ao usar óleos essenciais, tenha o cuidado de diluí-los em óleos carreadores – especialmente se o óleo irritar a pele se usado sozinho. Óleos carreadores recebem esse nome porque, de fato, carregam, transportam, servem de veículo para aplicação do óleo essencial. Um bom óleo carreador é o de jojoba, bastante fácil de encontrar em lojas de produtos naturais. Você pode intensificar a experiência de cura ficando alguns minutos em meditação após a aplicação dos óleos essenciais.

Eficácia

Óleos essenciais são mais do que simples aromas agradáveis. Eles impregnam o nosso corpo energético e o nosso corpo físico, em geral, unindo-os em sinergia e produzindo a cura em vários níveis. São particularmente eficazes para tratamento dos chakras porque infundem suas virtudes energéticas no chakra, ajudando-nos a entrar em sintonia com ele. Com isso, sem uma interferência maior do cérebro, a cura pode se processar em um nível interno mais fundamental.

Prós e Contras Desse Método

Prós: Um tratamento com óleos essenciais é bastante acessível. É fácil encontrar óleos de qualidade, que você pode levar em suas viagens e com eles trabalhar de várias formas (aplicando-os no corpo, difundindo-os na sua casa ou ambiente de trabalho, combinando-os em misturas e elixires, entre outras possibilidades).

Contras: Alguns óleos essenciais podem irritar a pele, por isso não são recomendados para aplicação tópica sem um óleo carreador. Também não é aconselhável ingerir óleos, pois alguns são adulterados (dependendo do fabricante) e podem inflamar o trato digestório. Além disso, embora a terapia com óleos essenciais seja eficaz, ela deve ser usada em conjunto com outras modalidades curativas, de modo que o processo de cura interior se complete e você possa fortalecer o equilíbrio dos chakras.

ALIMENTAÇÃO

A alimentação é um recurso de sustentação não só do corpo físico, mas também do corpo energético – os alimentos que você ingere contribuem para a cura energética dos chakras.

Objetivo

No que diz respeito à saúde dos chakras, como seu corpo de energia está diretamente ligado ao seu corpo físico, tudo o que você ingere é importante. A própria ingestão de água pode afetar sua saúde. Escolhas alimentares mais conscientes favorecem de modo significativo a cura do corpo e promovem vibrações mais elevadas dos chakras.

Procedimento

Idealmente, o corpo opera em suas melhores condições quando recebe alimentos que sustentam seus sistemas. Alimentos podem causar inflamações: laticínios e glúten, por exemplo, podem prejudicar a pele, a digestão e as articulações, e o açúcar pode ser nocivo para várias

REIKI, ACUPUNTURA E OS CHAKRAS

Ao consultar um profissional para reequilibrar os chakras, algumas modalidades podem ser levadas em consideração. Abordamos aqui o Reiki e a acupuntura.

O Reiki é uma técnica de cura energética em que um praticante, exercendo sua função de canal, direciona a energia vital para um paciente ou cliente com o objetivo de promover sua cura e seu desenvolvimento físico, emocional, mental e espiritual. Como canal, o praticante adota diversas posições de mãos para equilibrar os chakras. O Reiki deve ser sempre aplicado por um profissional certificado.

A acupuntura, outra técnica tradicional, consiste na inserção precisa de agulhas para aliviar sintomas físicos, mentais e emocionais. Embora não haja consenso se a acupuntura promove a cura dos chakras (alguns argumentam que não é uma modalidade de cura energética), há pontos localizados sobre os chakras, e ela seguramente movimenta o chi. Assim, é possível que a acupuntura corrija desequilíbrios dos chakras. Também, neste caso, a técnica só deve ser aplicada por um profissional credenciado e experiente.

partes e sistemas do corpo, de modo especial se for consumido além dos limites recomendados. Por outro lado, excluir da sua dieta ingredientes refinados, como farinha e açúcar branco, é uma mudança simples que pode melhorar sua saúde de várias maneiras. Quando você ingere alimentos menos processados – alimentos colhidos de forma sustentável, os sazonais, orgânicos, de origem local, com menos aditivos e mais componentes integrais – o seu corpo físico se beneficia. E se o corpo físico se beneficia, o energético também colhe os frutos desse resultado favorável.

Eficácia

Uma alimentação natural contribui para a saúde física e energética do corpo. É benéfico para todos os sistemas do seu corpo saber quais alimentos são saudáveis e quais são prejudiciais. Escolha sempre alimentos que promovem o crescimento das células, o desenvolvimento dos ossos, a saúde de músculos, órgãos e das glândulas, e as funções mentais. Por extensão, tudo isso beneficia o corpo energético.

Prós e Contras Desse Método

Prós: Muitas são as opções à sua disposição para prover uma alimentação saudável aos seus corpos físico e energético.

Contras: É mais fácil falar em alimentação saudável do que, de fato, praticá-la. Alimentos naturais, orgânicos e cultivados de forma sustentável têm, em geral, preços elevados. Além disso, é mais cômodo sucumbir à tentação de procurar e "saborear" *fast-food* fora de casa do que preparar uma refeição saudável em casa.

Equilíbrio na Vida Diária

À medida que nos tornamos mais receptivos à energia dos chakras, é importante manter nossas vibrações positivas no dia a dia. Por que elevar a vibração energética é importante? Ao nos tratarmos em vários níveis, dissolvemos as energias densas dos chakras, efetuando uma limpeza energética. Com isso, nossas vibrações ressoam em frequências mais elevadas e, como consequência, mantêm o equilíbrio dos chakras. É importante manter essa elevação energética tanto com cuidados físicos, emoções e pensamentos positivos quanto com cuidados nos ambientes onde permanecemos por mais tempo, inclusive, dando atenção especial à limpeza e arrumação dos nossos espaços.

Pratique regularmente a atenção plena e a gratidão. Praticando a atenção plena de modo regular, nos mantemos no presente. Quando ficamos ruminando e deprimidos, em geral nos prendemos ao passado. Em momentos de ansiedade, é o futuro que preocupa. Permanecendo no presente, estamos inteiros em nós mesmos e para nós mesmos. A prática da gratidão também eleva a vibração.

Mantenha sua energia em movimento. Seja yoga, *qi gong* ou outra atividade física, é importante manter regularmente a clareza da mente, do corpo e do espírito.

Benza-se com sálvia branca sagrada (apiana). A sálvia branca sagrada é uma erva usada pelos nativos americanos por suas poderosas propriedades de limpeza. Ela elimina energias negativas do seu corpo e do seu espaço físico. Esse processo de limpeza se chama defumação. Para defumar um ambiente, acenda um bastão de sálvia e percorra os vários cômodos da casa espalhando a fumaça. Seguindo no sentido horário, comece pela porta da frente, depure todos os elementos ao longo do percurso e termine novamente na porta da frente. Para defumar a si mesmo, abane as mãos, direcionando a fumaça para o seu corpo e benzendo-o por inteiro, de modo especial, os chakras. Ao fazer isso, diga em voz alta: "Benzo meus braços, benzo meu chakra da garganta, benzo meu peito", e assim por diante. Não se esqueça de aparar as cinzas do bastão em um recipiente resistente ao calor.

Banhos de sal de Epsom. Pessoas muito sensíveis – as que captam a energia de outras com muita facilidade – devem pensar em tomar banhos de sal de Epsom (= sal amargo/sulfato de magnésio) uma vez por semana ou a cada duas semanas. O mesmo vale para quem tem dores físicas, especialmente musculares. O sal de Epsom contém magnésio, que é facilmente absorvido pela pele durante o banho e ajuda a aliviar diversas dores, além de controlar o estresse. Também ajuda a limpar a aura, sendo recomendado de modo especial para os que levam trabalho para casa, deslocam-se com dificuldade para o emprego, trabalham em um ambiente tóxico ou lidam habitualmente com pessoas difíceis. Banhos de sal de Epsom desintoxicam o seu sistema e, inclusive, previnem resfriados.

Seu Espaço de Cura Sagrado

Para organizar um espaço de cura sagrado, faça um altar em casa. Alguns elementos recomendados são os seguintes:

Bastão de sálvia branca sagrada. Como mencionado anteriormente, a sálvia branca sagrada é usada para defumação pessoal ou dos ambientes. Para defumar um espaço, acenda um bastão, deixe formar fumaça e espalhe essa fumaça nos locais que deseja limpar.

Palo Santo. O Palo Santo, ou "madeira sagrada" em espanhol, provém de uma árvore originária das Américas do Sul e Central. Ele limpa a energia e dispersa a negatividade com veemência, em especial os espíritos malignos. Use-o da mesma maneira que a sálvia branca sagrada.

Varinha de penas. Seja uma única pena grande, seja um feixe de penas menores, para fins de defumação use a varinha de penas para direcionar a fumaça para as áreas que você quer purificar.

Recipiente resistente ao calor. Use-o para recolher as cinzas produzidas pela queima de sálvia branca sagrada ou do Palo Santo.

Cristais. Tenha cristais especiais para benzer o espaço e elevar a vibração do altar.

Fotos de antepassados e entes queridos. Preservar fotos de entes queridos já falecidos é uma forma de reverenciar sua memória, de manter próxima a energia do seu amor e, se forem ancestrais, de invocar sua proteção e sabedoria.

Velas. Acenda velas para homenagear um ancestral, invocando a ligação com o(a) Divino/Fonte/Universo/Deus(a), ou para ativar a energia do altar.

Estátuas de divindades de sua devoção. Muitas pessoas adornam seus altares com estátuas de caráter religioso; outras entronizam imagens de divindades com as quais trabalham.

Travessa para oferendas. Uma travessa ou outro recipiente para a oferenda de frutas, água ou flores.

Para manter os cômodos limpos e livres de energias negativas ou tóxicas, o ideal é também manter a casa asseada. Faça faxinas regulares e evite toda desorganização ao máximo, pois a sujeira e a poeira também retêm energia estagnada.

No escritório, alguns cristais próximos do computador, *laptop* ou celular criam um espaço de trabalho mais equilibrado. Especialmente útil é a turmalina negra, pois bloqueia e absorve a poluição eletromagnética que computadores e outros aparelhos eletrônicos emitem.

Além disso, uma grade de cristais no local de trabalho é uma forma muito eficiente de delimitar um campo de proteção entre nós e as pessoas à nossa volta, especialmente se o ambiente de trabalho for tóxico. Separe quatro peças de turmalina negra e quatro de quartzo transparente (ou de selenita) e coloque uma peça de cada cristal nos quatro cantos do seu espaço de trabalho. Você pode adotar o mesmo procedimento para sua casa e mesmo para a cama onde dorme.

Na próxima seção, abordaremos vários sintomas, doenças e manifestações físicas, emocionais, mentais e espirituais que afetam o nosso corpo quando os chakras estão desequilibrados. Também estudaremos em detalhe as técnicas de tratamento de cada chakra.

II

TRATAMENTO DOS CHAKRAS

Na Parte 2, você aplicará os novos conhecimentos adquiridos e usará técnicas de autocura apropriadas ao tratamento de doenças comuns. O Capítulo 3 oferece uma visão geral de mais de quarenta sintomas e enfermidades associados a chakras em desequilíbrio. O Capítulo 4 apresenta um conjunto de diferentes técnicas de cura que você pode adotar para equilibrar e curar seu sistema de chakras.

3

SINTOMAS E DOENÇAS COMUNS

Quando algo não está bem, é comum sentirmos os primeiros sinais na forma de sintomas emocionais, mentais e espirituais, pois estes aparecem antes no corpo energético. Se não forem tratados enquanto estão nesse corpo, transformam-se em sintomas físicos. Neste capítulo abordaremos inúmeros sintomas e doenças comuns **em ordem alfabética**, designando também os chakras afetados. Esses sintomas podem indicar desde alterações simples, como dor de garganta, até problemas mais graves, como dependência química. Considerando que diferentes razões podem levar uma pessoa a ter um sintoma ou doença específicos, apresentaremos diversas explicações possíveis.

Alienação de Si Mesmo e dos Outros

CHAKRA AFETADO *chakra do coração*

Quando estamos alienados, desconectados de quem somos, dos nossos sentimentos, dos nossos sonhos, das nossas paixões e do que nos inspira, o nosso chakra do coração se desequilibra. Com frequência, essa condição se manifesta inicialmente como frustração por nos sentirmos desconectados das pessoas. Talvez nos demos conta de que passamos muito tempo sozinhos, mas em uma espécie de solidão que entorpece o espírito e nos leva a um distanciamento ainda maior de nós mesmos. Essa frustração é, em geral, acompanhada por uma sensação intensa de mal-estar ou insatisfação com a vida. Queremos nos sentir alegres, mas não conseguimos, ou não temos contato com o que nos faz felizes. Às vezes, podemos ficar deprimidos, o que quase sempre acontece quando estamos afastados de nós mesmos. Todos nós queremos manter vínculos – com nós mesmos e com os outros. Essa é uma predisposição inerente à nossa natureza humana. As pessoas totalmente alienadas de si mesmas não têm consciência disso. Elas vivem entrincheiradas em suas rotinas diárias, vivem no piloto automático ou no modo de sobrevivência, e não inspiradas pela gratidão e pela consciência de quem são e das sensações que seu agir cotidiano produz nelas. Os que conseguem ter consciência dos atos que praticam ao longo do dia e adquirem o hábito de avaliá-los regularmente têm melhores condições de criar um vínculo consigo mesmos e de estabelecer uma relação mais saudável com o chakra do coração.

Anorexia e Bulimia

CHAKRA AFETADO *chakra do plexo solar*

A anorexia é um distúrbio alimentar caracterizado por uma redução voluntária de peso, chegando a níveis muito abaixo do normal, por uma percepção distorcida do corpo. A pessoa se vê sempre como obesa e tem um intenso medo de ganhar até uns gramas a mais. Indivíduos que sofrem de anorexia restringem drasticamente a ingestão de alimentos. A bulimia, por outro lado, é um transtorno em que a pessoa come compulsivamente (empanturra-se), muitas vezes recorrendo a rituais de purgação – seja por meio de vômitos forçados, seja pela ingestão de laxantes ou pela prática de exercícios pouco saudáveis. Como ambos os distúrbios têm relação com um julgamento severo da aparência física pessoal, identificando magreza com autoestima e tentando controlar a própria autoimagem para corrigir defeitos físicos percebidos, a anorexia e a bulimia resultam de um chakra do plexo solar desequilibrado, o chakra que representa o centro de poder para questões de controle, autoestima e confiança.

Ansiedade

CHAKRAS AFETADOS *todos os chakras, dependendo da natureza da ansiedade*

A ansiedade casual faz parte do dia a dia. Entretanto, quando um sentimento de preocupação intensa, excessiva e persistente permeia nossa existência cotidiana, ele pode ser debilitante. Para alguns que sofrem de ansiedade, em poucos minutos ela pode levar ao medo extremo ou ao terror, provocando um ataque de pânico (ver Ataques de Pânico, página 58). É comum ela afetar nossa qualidade de vida.

Dependendo do tipo de ansiedade, qualquer chakra pode estar envolvido. Por exemplo, o desequilíbrio do chakra da coroa pode causar ansiedade se acharmos que o(a) Divino/Fonte/Universo/Deus(a) não nos está protegendo. Se a ansiedade é causada por um desequilíbrio no chakra do terceiro olho, em geral é porque não confiamos na nossa intuição e nos angustiamos com relação ao desconhecido. Se for causada por um chakra da garganta em desarmonia, temos receio de nos expressar, de nos comunicar com os outros e de dizer como nos sentimos. Se estivermos presos a mágoas do passado ou, ao contrário, se estivermos ansiosos porque estamos desconectados dos nossos sentimentos, é provável que o desequilíbrio esteja no chakra do coração. Se a ansiedade se deve ao fato de nos sentirmos sobrecarregados com tudo, intimidados, presos a alguma espécie de dinâmica de poder em um relacionamento ou pressionados para demonstrar um bom desempenho na vida, ela é consequência do desequilíbrio do chakra do plexo solar. Se é o chakra do plexo sacral que está envolvido, a culpa ou a vergonha está acirrando a nossa ansiedade, geralmente, por causa de emoções intensas que não foram processadas. Isso também acontece quando a ansiedade está associada a traumas do passado, especialmente de natureza sexual. Se estamos ansiosos quanto à nossa sobrevivência material neste mundo (alimento, abrigo, dinheiro, e assim por diante), o nosso chakra da raiz está em desequilíbrio, fazendo-nos sentir como se estivéssemos sempre no modo de sobrevivência.

Asma e Alergias

CHAKRA AFETADO *chakra do coração*

O estreitamento das vias aéreas, com a produção anormal de muco, pode causar tosse, respiração ofegante e falta de ar. No caso das alergias, o sistema imunológico produz anticorpos que identificam um alérgeno específico como prejudicial, mesmo que não o seja. Ambas as condições podem afetar a qualidade de vida de uma pessoa. Muitas vezes, essas condições são devidas a um sistema imunológico comprometido e podem causar dificuldade respiratória e inflamação na pele, nas vias respiratórias, nos seios da face ou no sistema digestivo. Por pertencerem ao âmbito do chakra do coração, às vezes reações físicas dessa natureza podem estar ligadas a um desequilíbrio nesse chakra, principalmente se tivermos problemas relacionados com tristeza, angústia, amor e compaixão.

Ataques de Pânico

CHAKRAS AFETADOS *chakra do coração, chakra do plexo solar, chakra da raiz*

Os ataques de pânico ocorrem quando somos dominados por uma ansiedade súbita, aguda e incapacitante. São normalmente acompanhados de palpitações, batimento cardíaco acelerado, aumento da frequência cardíaca, suores, tremores, estremecimentos, falta de ar e uma sensação de desastre iminente. Esses ataques debilitantes podem ocorrer quando estamos desconectados do nosso chakra do coração e não ouvimos o que ele tenta nos dizer. Além disso, há envolvimento do chakra da raiz quando o pânico e o medo se instalam, o que pode despertar nosso medo primal relacionado à sobrevivência. Com o chakra do coração isolado e os mecanismos de medo em ação, o nosso centro de poder no chakra do plexo solar recebe um duro golpe, porque nele residem a nossa autoestima e o nosso sentimento de confiança.

Câncer

CHAKRAS AFETADOS *todos*

Há ocorrência de câncer quando células anormais se desenvolvem e se dividem de forma descontrolada, infiltrando-se e destruindo o tecido normal do corpo. Isso pode acontecer em diferentes níveis, e os sintomas variam de acordo com as partes do corpo afetadas. Entre inúmeros sintomas citam-se fadiga, alterações de peso e da pele, nódulos palpáveis ou áreas de espessamento cutâneo, dores musculares ou articulares inexplicáveis e persistentes e, ainda, febres ou suores noturnos incessantes e sem causa aparente. Alguns fatores que aumentam o risco de câncer: idade, hábitos, história familiar, condições de saúde e ambiente. No entanto, segundo a Clínica Mayo, a maioria dos cânceres acomete pessoas que não apresentam nenhum fator de risco conhecido. Em termos de energia, ele pode resultar de ressentimentos prolongados e de mágoa profunda não processada, ignorada ou negada, manifestando-se como ódio, tristeza ou outras emoções tóxicas que corroem a si mesmo.

Esses sentimentos podem exteriorizar-se em diversos níveis e como consequência do desequilíbrio de vários chakras:

- Tumores cerebrais: chakra da coroa
- Câncer de pulmão: chakras da garganta e do coração
- Câncer de tireoide, laringe e esôfago: chakra da garganta
- Câncer de mama: chakra do coração
- Câncer de estômago, fígado, intestinos e pâncreas: chakra do plexo solar
- Câncer de colo do útero, ovários, útero, cólon e reto: chakra da raiz
- Câncer de próstata e reto: chakras do plexo sacral e da raiz

Codependência

CHAKRAS AFETADOS *chakra da raiz, chakra do coração, chakra do plexo solar, chakra do plexo sacral*

A codependência caracteriza um relacionamento disfuncional e unilateral em que uma pessoa depende excessivamente do parceiro ou parceira para a maioria das suas necessidades emocionais e psicológicas. Codependência descreve também um relacionamento condescendente com atitudes irresponsáveis ou vícios do outro, em que uma das partes sacrifica habitualmente suas necessidades em favor da outra, a ponto de renunciar a aspectos de si mesma, de ter limites precários e baixa autoestima, de sentir-se insegura e de não saber comunicar emoções dolorosas. Como os relacionamentos codependentes baseiam-se, em geral, no medo do abandono e da rejeição, o chakra da raiz está envolvido diretamente, pois é dele que derivam as ações e os sentimentos induzidos pelo medo.

Muitas vezes a codependência tem origem na infância, quando uma família disfuncional ignora ou nega a dor, o medo, a raiva ou a vergonha. Podem-se incluir aqui situações em que um membro da família se debate com algum vício; em que há abuso físico, emocional ou sexual; ou em que um membro da família sofre de uma doença física ou mental crônica. Os problemas decorrentes do sofrimento familiar não resolvido também estão associados ao chakra da raiz.

A codependência revela, ainda, um desequilíbrio no chakra do coração, principalmente porque devotamos mais amor aos outros do que a nós mesmos, a ponto de quase nos alienarmos de nós mesmos. É como se nos desvinculássemos do centro do coração. O desequilíbrio desse centro pode também levar à falta de discernimento nos relacionamentos.

Desde sua origem até seus desdobramentos posteriores, todo relacionamento codependente abala nossa autoestima, afetando, assim, o chakra do plexo solar. Esse mesmo relacionamento produzirá sentimentos de vergonha, culpa, raiva e ressentimento, além da falta de limites saudáveis, se o chakra do plexo sacral estiver desequilibrado.

Conflito

CHAKRAS AFETADOS *chakra da garganta, às vezes chakra do plexo solar e chakra do plexo sacral*

O conflito indica uma situação de profundo desentendimento com alguém ou com alguma coisa, quase sempre causado por uma discordância em torno do que é expresso ou do que acontece. Sempre que temos um problema de expressão e comunicação, o chakra da garganta está envolvido. Às vezes, podemos evitar totalmente o conflito, o que equivale a silenciar a nós mesmos. Quando nos silenciamos, ficamos ressentidos e os sentimentos não expressos permanecem reprimidos dentro de nós, até que finalmente explodimos (ver Raiva, página 79). Quer causemos o conflito, quer o evitemos ou simplesmente nos percebamos envolvidos nele, o chakra da garganta está tentando ser ouvido. Estamos procurando ser ouvidos, nos expressar e comunicar o que realmente sentimos.

O conflito também pode ser um sinal de que o chakra do plexo solar precisa de atenção, uma vez que todo desentendimento indica que o nosso poder pessoal está sendo confrontado ou que o chakra do plexo sacral, sede das nossas emoções, está envolvido.

Constipação

CHAKRAS AFETADOS *chakra da raiz, possivelmente chakra do plexo solar*

Evacuações intestinais difíceis ou infrequentes podem indicar constipação. Como o reto e o ânus estão no nível do chakra da raiz, qualquer disfunção que envolva essas partes do corpo pode indicar que o chakra da raiz está desequilibrado. Examine se problemas materiais, de sobrevivência, o estão estressando e afetando – necessidades primárias como ter alimento para comer, água para beber, roupas para vestir, uma casa para morar e sensação de segurança e proteção. Como a prisão de ventre é a manifestação física de um sistema digestivo desregulado, também seria útil verificar se o chakra do plexo solar está equilibrado. Experiências de medo, falta de confiança, falta de respeito próprio e dificuldade de nos sentir em contato com nosso poder também podem afetar o processo digestivo, criando problemas de cólon ou intestinais, além de outros distúrbios. Como consequência, um desequilíbrio no chakra do plexo solar pode contribuir para o problema de constipação característico do chakra da raiz.

Culpa

CHAKRAS AFETADOS *chakra do plexo sacral, chakra do plexo solar*

Seja a nossa percepção verdadeira ou não, culpa é o sentimento de termos feito algo errado. Em geral, esse sentimento está relacionado ao chakra do plexo sacral, a sede das nossas emoções. Esse centro de energia está também associado ao prazer e às emoções da sexualidade. Se a nossa educação foi no sentido de reprimir nossa sexualidade ou nossas emoções na infância e na adolescência, em geral sentimos culpa e vergonha na vida adulta (ver Vergonha, página 83). A culpa tem o objetivo de nos ajudar a manter as coisas sob controle. Normalmente, porém, esse é um sentimento improdutivo que nos impede de receber prazer, e prazer saudável é o que sentimos quando o nosso chakra do plexo sacral está equilibrado. Como a culpa pode atingir nossa autoestima e nosso senso de poder, o chakra do plexo solar também pode ser afetado. Além das técnicas e dos tratamentos para os chakras do plexo sacral e do plexo solar indicados neste livro, grande parte da solução, nesse caso, consiste em realmente nos permitir sentir nossas emoções e nossos sentimentos, em vez de negá-los ou reprimi-los.

Depressão

CHAKRAS AFETADOS *chakra da coroa, chakra do coração*

Várias são as causas da depressão. Às vezes, ela é passageira; outras vezes, pode ser uma presença constante na nossa vida, podendo ser debilitante quando crônica. A depressão se manifesta como tristeza, vazio ou desesperança persistentes, como ausência de prazer nas atividades do dia a dia, e como se às vezes a vida não valesse a pena ser vivida. Também pode afetar o apetite e o sono – mantendo-nos acordados ou levando-nos a dormir em excesso. Além disso, pode alimentar pensamentos recorrentes de morte ou suicídio.

Uma das principais causas da depressão é um profundo sentimento de solidão e por isso relaciona-se principalmente com o chakra da coroa. Quando nos sentimos unidos ao mundo e ao Divino, o chakra da coroa está aberto e equilibrado. Quando nos sentimos separados do mundo, e até irritados com Deus pela vida que vivemos, é provável que a energia nesse chakra esteja desordenada. Além disso, um chakra do coração desequilibrado pode levar à depressão por causa da falta de sintonia com nós mesmos.

Distúrbios da Tireoide

CHAKRA AFETADO *chakra da garganta*

O chakra da garganta está associado à expressão da verdade. Quando dizemos o que precisamos ou devemos dizer e somos coerentes com o que dizemos, quando expressamos o que realmente sentimos e nos comunicamos de forma harmoniosa com quem somos, demonstramos respeito para com o nosso chakra da garganta. Distúrbios na região do pescoço, como desequilíbrios na tireoide, sem explicações convincentes da medicina, refletem provável desequilíbrio do chakra da garganta. É possível que nos tenhamos rendido ao silêncio, em geral, em relação a algo traumático (como abuso) ou a algo que não conseguimos expressar. Mesmo que não decorram de traumas, distúrbios da tireoide podem indicar que nos mantemos habitualmente em silêncio quando quereríamos ou gostaríamos de dizer muita coisa. Quem sofreu algum distúrbio da tireoide por abuso e depois passou por um processo de cura e liberação da dor a que esteve preso tende a ser muito hábil em expressar quem realmente é, em geral, começando por contar sua história aos outros de maneiras curativas.

Doenças Sexualmente Transmissíveis (DSTs)

CHAKRA AFETADO *chakra do plexo sacral*

No caso de doenças e infecções sexualmente transmissíveis recorrentes, o desequilíbrio pode estar no chakra do plexo sacral. Esse chakra está associado ao modo como percebemos nossa sexualidade, em particular como a expressamos, e aos aspectos emocionais (em comparação com os aspectos físicos). Muitas vezes, a vergonha desempenha um papel importante nas DSTs recorrentes, não sendo coincidência que quando nos percebemos como promíscuos e sentimos grande vergonha por causa disso, as DSTs voltam a ocorrer. Isso pode ser indicação de que precisamos examinar ou questionar nossas percepções sobre o que consideramos formas saudáveis de expressão sexual; talvez verifiquemos se percepções sexuais de nós mesmos são coerentes ou ultrapassadas. Em geral, elas são obsoletas, mas nós continuamos sendo levados pela velha vergonha que guardamos do passado. Além disso, nossa percepção como seres sexuais pode ser influenciada por abusos físicos, emocionais ou sexuais. Quando conseguimos curar nossa visão sobre nosso eu sexual, também curamos nosso chakra do plexo sacral.

Dor Ciática

CHAKRAS AFETADOS *chakra da raiz, chakra do plexo sacral*

A dor ciática tem origem na região inferior das costas, passa pelos quadris e pelas nádegas, e desce pelas pernas. Quando não é causada por trauma na coluna ou por alguma outra lesão, ela pode ser consequência de um chakra da raiz desequilibrado. O chakra da raiz está associado a questões de sobrevivência e existência. Diante de problemas fundamentais, como onde conseguir sua próxima refeição, onde arranjar dinheiro para o aluguel, de que modo prover o sustento dos filhos, ou se você vive com medo de perder a qualquer momento todas as coisas básicas da vida, seu chakra da raiz está em total desarmonia.

Além disso, em termos energéticos, a dor ciática pode simbolizar medo do dinheiro e do futuro. Sempre que sentimos dores que limitam a forma como caminhamos neste mundo, literal e figurativamente, precisamos perguntar a nós mesmos se não estamos limitando propositalmente nosso movimento de avanço e progresso na vida ou se não vivemos com medo dos próximos passos que talvez precisemos dar para alcançar nossos objetivos.

Às vezes, a dor ciática pode indicar que nos sentimos inseguros neste mundo. O chakra do plexo sacral está relacionado às vértebras da região sacrococcígea, à pelve e à área dos quadris, por isso é recomendável examinar se estamos em sintonia com nossas emoções e respeitando-as, se estamos nos expressando de forma livre e criativa e se somos capazes de sentir prazer na vida.

Dor de Cabeça

CHAKRAS AFETADOS *chakra do terceiro olho, chakra da coroa*

Dores de cabeça causadas por fatores alheios a eventuais problemas físicos podem indicar desarmonia em algum chakra. Dores na região da testa, caracterizadas por pressão nos seios da face e atrás dos olhos, em geral, refletem desequilíbrio do chakra do terceiro olho. Essa dor nos informa que concentramos energia demasiada no intelecto, temendo os aspectos espirituais de nós mesmos, e que vemos apenas a realidade física da vida, não confiando na nossa intuição. Ela nos diz que talvez estejamos ignorando a sabedoria interior que possuímos. Quando recebemos "dicas" intuitivas, mas não agimos de acordo com elas, menosprezamos a sabedoria do nosso terceiro olho. Por exemplo, você "pensa" em aproveitar uma nova oportunidade, mas não faz nada para que isso aconteça. Ou tem a sensação de que pode ser prejudicial interagir com uma determinada pessoa, mas mesmo assim aproxima-se dela. Toda ação em desacordo com os seus pressentimentos pode causar desarmonia e desequilíbrio no chakra do terceiro olho.

Dores no topo da cabeça, por outro lado, podem ser causadas por um desequilíbrio do chakra da coroa, indicando dificuldade de confiar na vida ou no nosso caminho, de ver o padrão ou quadro mais amplo, ou de desenvolver a fé em nós mesmos e em nossa relação com o Divino. Também podemos nos sentir sós ou insatisfeitos com a vida.

Dor nas Costas

Dor em qualquer região das costas – cervical, torácica e lombar – que não seja causada por trauma físico ou estresse físico repetitivo pode sinalizar algo sobre a saúde dos chakras. A dor pode variar de crônica branda, que mantém as costas contraídas, até aguda intensa, que limita a amplitude dos movimentos.

REGIÃO CERVICAL

CHAKRAS AFETADOS *chakra da garganta, chakra do coração*

Quando não dizemos a verdade ou quando temos um desgosto, uma ameaça ao amor-próprio ou dificuldade de amar os outros, a tensão resultante pode se manifestar fisicamente como tensão ou dor na parte superior das costas. Também podemos nos sentir desamparados, pouco amados ou reprimindo o amor.

REGIÃO TORÁCICA/DORSAL

CHAKRAS AFETADOS *chakra do coração, chakra do plexo solar*

Problemas relacionados ao amor, como dificuldade de nos sentirmos amados, apego a mágoas do passado ou ataques ao nosso poder, podem causar tensões ou dores na região intermediária das costas. Às vezes, isso acontece porque estamos presos a sentimentos passados e talvez sejamos atormentados por sentimentos de culpa pelo que fizemos ou dissemos.

REGIÃO LOMBAR/SACROCOCCÍGEA

CHAKRAS AFETADOS *chakra do plexo sacral, chakra da raiz*

Quando nos sentimos atacados em nossa abundância, relacionamentos, expressão criativa; quando contemos nossas emoções ou simplesmente não as processamos; quando temos problemas relacionados à sobrevivência e à satisfação das necessidades básicas, podemos sentir tensão e dores na região inferior das costas. De modo especial, podemos ter dores lombares quando problemas financeiros abalam nossas estruturas emocionais.

Dor nas Pernas

CHAKRAS AFETADOS *chakra da raiz, chakra do plexo solar*

Quando não tem relação direta com um trauma físico, a dor nas pernas está, em geral, associada a um desequilíbrio do chakra da raiz. Às vezes, essa dor simboliza a resistência em seguir adiante na vida, o que pode se manifestar como comportamentos autossabotadores baseados no medo – medo de fracassar ou então de realmente conseguir o que queremos e assumir nosso poder. Se for esse o caso, o desequilíbrio do chakra da raiz também pode ter relação com o chakra do plexo solar. Acima de tudo, porém, o problema está no chakra da raiz se a resistência a avançar for por causa de medo em relação a despesas, de conseguir ou perder moradia, alimento, água ou vestuário.

Dor no Pescoço

CHAKRA AFETADO *chakra da garganta*

Dores no pescoço não causadas por trauma ou lesão física (como um acidente) podem ser consequência de um desequilíbrio energético no chakra da garganta relacionado com o modo como interagimos com o mundo. Quando não nos expressamos de forma honesta ou aberta, ou quando tentamos esconder de outras pessoas certos aspectos de nós mesmos, como medo ou insegurança, isso cria desequilíbrios no chakra da garganta. Exemplos desse comportamento: fingir que estamos felizes em um relacionamento quando, no fundo, estamos insatisfeitos, ou não falar abertamente no trabalho. Inúmeras razões podem nos levar a nos conter, mas o resultado é quase sempre o mesmo – dor no pescoço causada pela nossa incapacidade de nos expressar de forma livre e aberta.

Dores e Distúrbios Estomacais

CHAKRA AFETADO *chakra do plexo solar*

Dores e distúrbios estomacais podem assumir muitas formas: úlceras, constipação, diarreia, síndrome do intestino irritável (SII), problemas intestinais/de cólon, indigestão, refluxo ácido e gastrite, entre outras. Além da ingestão de algo que irrita diretamente o trato digestório, a dor de estômago também pode resultar de uma sensação de opressão, descontrole, impotência, intimidação ou falta de autorrespeito. O que absorvemos por meio do nosso centro de poder (o chakra do plexo solar) resulta de como digerimos e absorvemos o que nos rodeia, o que está no nosso ambiente.

Por exemplo, atendi certa vez uma paciente que, após o divórcio, passou a ter episódios de refluxo ácido. Nesse caso, o corpo dela estava expressando a emoção "ácida" de ressentimento causado pela experiência. Era difícil para ela digerir o divórcio, o que a fazia sentir-se impotente e fora de controle.

O corpo sempre nos diz exatamente onde estão nossos desequilíbrios; os distúrbios digestivos não fogem à regra nem constituem exceção.

Dores na Mandíbula e na Articulação Temporomandibular (ATM)

CHAKRA AFETADO *chakra da garganta*

A articulação temporomandibular (ATM) liga o osso da mandíbula ao crânio e atua como uma dobradiça deslizante para abrir e fechar a boca. Temos uma articulação em cada lado da mandíbula. Às vezes, a dor nessa região pode resultar de uma lesão na mandíbula, de artrite, da genética ou do ato de cerrar e ranger os dentes. O ranger de dentes, ou bruxismo, deve-se, em geral, à tensão acumulada na mandíbula. Também pode ocorrer quando nos calamos, não verbalizando o que queremos realmente dizer, fato que se relaciona com o chakra da garganta. Acupuntura, massagem do músculo masseter (músculo na mandíbula que controla a mastigação) e uso de um protetor bucal à noite podem ser úteis para aliviar dores na ATM.

Dores na ATM também podem decorrer de um componente energético – a sensação de que não somos capazes de falar por nós mesmos, de dizer o que queremos ou de nos comunicar de forma eficaz. Também podem ocorrer quando nos sentimos ressentidos. Para abordar o quadro completo sobre o alívio da dor na mandíbula, precisamos não só examinar as alternativas de alívio físico, mas também compreender as possíveis causas energéticas. Se você morde a língua no momento de dizer alguma coisa ou tensiona a mandíbula para controlar-se, considere examinar o que você está retendo no chakra da garganta e por que está sendo difícil dizer o que tem em mente.

Dores nos Quadris

CHAKRA AFETADO *chakra do plexo sacral*

Quando não ocorrem por causa de trauma físico, causado à região ou a exercícios excessivos, problemas nos quadris (como rigidez, tensão, espasmos musculares ou dor) muitas vezes têm relação com distúrbios no chakra do plexo sacral. Os quadris retêm muitas emoções não expressas, em geral, emoções que não foram confrontadas ou que estivemos evitando.

Como o chakra do plexo sacral é a sede das nossas emoções, provocamos um desequilíbrio nessa área quando não respeitamos nossos sentimentos em relação a uma situação. Além disso, se temos problemas em expressar uma sexualidade saudável, como vergonha relacionada a ela (outro sinal de desequilíbrio do chakra do plexo sacral), isso também pode causar rigidez ou dores nos quadris.

Estresse

CHAKRAS AFETADOS *chakra da raiz, principalmente, com reflexos sobre outros*

No que se refere à saúde dos chakras, o estresse é um estado de tensão mental ou emocional decorrente de circunstâncias e problemas tormentosos que ocorrem na nossa vida, em situações de trabalho e nos relacionamentos. Quando estamos estressados, o cortisol (também conhecido como hormônio do estresse) intervém para nos ajudar a lidar com o caso. A adrenalina é o hormônio de luta ou fuga. Ambos são ativados pelas glândulas adrenais para nos auxiliar a sair desse estado prejudicial. Isso é ótimo quando sua ação é temporária. Mas é frequente as pessoas permanecerem no modo de resposta ao estresse por muito tempo. Seja de duração curta ou longa, o estresse pode indicar um chakra da raiz desequilibrado, pois esse centro de energia está relacionado à nossa segurança pessoal, à sensação de proteção e à impressão de que todos os aspectos da nossa sobrevivência estão resguardados (como ter alimento para comer, um teto onde nos abrigar, roupas para vestir). Quando o chakra da raiz está desequilibrado, operamos a partir do medo e da insegurança, como se as nossas necessidades não fossem atendidas. Nossos instintos de sobrevivência ativam-se. Como a sensação de instabilidade e medo pode envolver outros chakras, o estresse pode afetá-los das seguintes maneiras:

- Chakra da coroa: estresse por nos sentirmos solitários e separados do Divino

- Chakra do terceiro olho: estresse por sermos incapazes de confiar no que a vida nos reserva ou de ver o panorama mais amplo à frente

- Chakra da garganta: estresse por acreditarmos que não nos expressamos da maneira que gostaríamos ou por não sermos ouvidos do modo que quereríamos; estresse em torno da expressão da nossa verdade

- Chakra do coração: estresse decorrente da falta de vínculo com nós mesmos e, como consequência, com os outros
- Chakra do plexo solar: estresse proveniente da baixa autoestima e da sensação de impotência
- Chakra do plexo sacral: estresse devido a emoções reprimidas e à dificuldade de nos expressar criativamente ou de forma sexual saudável
- Chakra da raiz: estresse causado pela sensação de que nossas necessidades básicas não estão sendo supridas

Fadiga

CHAKRAS AFETADOS *chakra do plexo solar, chakra da coroa*

Quando a exaustão é persistente, aumenta ou continua mesmo depois de períodos de descanso, o estado que se instala é de fadiga, com esgotamento das nossas reservas de energia. Esse estado prejudica a concentração, o foco, a energia e a motivação com relação a tudo o que fazemos. Se tendemos à fadiga adrenal, vivendo ocupados ou habitualmente sobrecarregados, encaminhamo-nos para uma condição de fadiga crônica, por causa do desequilíbrio do chakra do plexo solar.

A fadiga está relacionada ao chakra do plexo solar, nosso centro de poder. Quando associamos a nossa autoestima e autoconfiança ao nosso desempenho no emprego ou na vida, caso um projeto fracasse ou fique abaixo da média, levamos a questão para o lado pessoal. Entregamo-nos, então, a um frenesi incontrolável para encontrar uma saída que nos leve à perfeição, o que resulta em fadiga. Por outro lado, se a nossa fadiga se deve à depressão ou à sensação de separação do Divino, é o chakra da coroa que precisa de equilíbrio.

Fadiga Adrenal

CHAKRAS AFETADOS *chakra da raiz, chakra do plexo sacral*

A fadiga adrenal ocorre em situações de estresse crônico. As glândulas adrenais ficam sobrecarregadas pela constante reação ao estresse elevado, prejudicando a saúde dessas glândulas. Em circunstâncias normais, as adrenais desencadeiam a liberação do cortisol (também conhecido como hormônio do estresse), que intervém para nos ajudar a lidar com o estresse. A adrenalina, o hormônio de luta ou fuga, é também acionada pelas adrenais. Ambos os hormônios são ativados para nos ajudar a sair de situações estressantes. Isso é ótimo quando usados por pouco tempo. No entanto, quem sofre de fadiga adrenal sente falta de energia e de ânimo em consequência da reação ao estresse crônico.

Alguns sinais de fadiga adrenal: cansaço geral, dores no corpo, perda de peso inexplicável, pressão arterial baixa, tontura, perda de pelos e descoloração da pele (hiperpigmentação). Como as adrenais são as glândulas do chakra da raiz e do chakra do plexo sacral, qualquer situação envolvendo fadiga adrenal deve ser examinada, além das próprias causas do estresse. Como o chakra da raiz está associado a questões relacionadas à sensação de segurança, estabilidade e solidez, é recomendável avaliar as áreas de possível desequilíbrio em nossa vida. Também é importante considerar questões relacionadas ao poder e à autoestima, que são características associadas ao chakra do plexo sacral.

Hemorroidas

CHAKRA AFETADO *chakra da raiz*

Hemorroidas são veias inchadas no ânus e na região inferior do reto. Elas podem se localizar debaixo da pele em torno do ânus (hemorroidas externas) ou dentro do reto (hemorroidas internas) e se assemelham a varizes. Quando não são causadas por esforço na evacuação, por aumento da pressão nas veias durante a gravidez ou por uma de muitas outras causas físicas, elas podem ser provocadas por um desequilíbrio de chakra.

Como a região inferior do reto e o ânus estão no nível do chakra da raiz, qualquer disfunção nessas áreas pode indicar que esse chakra está desequilibrado. Como já vimos, o chakra da raiz está associado à sobrevivência, podendo então manifestar necessidades primordiais, como ter alimento para comer, água para beber, roupas para vestir, um teto para nos abrigar e a sensação de estarmos seguros e protegidos na nossa vida. Em termos energéticos, as hemorroidas podem também ser associadas ao medo de deixar-se levar, à raiva do passado ou à sensação de sobrecarga.

Infertilidade

CHAKRAS AFETADOS *chakra do plexo sacral, chakra da raiz, chakra do plexo solar*

A infertilidade ocorre quando, apesar das tentativas frequentes feitas durante pelo menos um ano, uma mulher não consegue conceber. Embora essa seja uma situação bastante comum, a frustração e o medo sentidos por mulheres que tentam engravidar criam muito estresse, às vezes até vergonha. O chakra do plexo sacral está envolvido aqui, não apenas porque está associado ao útero e aos órgãos genitais, mas também porque é a sede das nossas emoções. Muitas pessoas que vivem essa situação debatem-se com emoções angustiantes, e se perguntam: "Essa é a decisão certa?", "Eu quero mesmo ser mãe/pai?", "Estou com o parceiro/parceira certo?", "E se eu não for uma boa mãe/pai?" e "Como isso mudará a minha vida?".

Às vezes, a causa (ou causas) é física: má qualidade do óvulo, baixa contagem de espermatozoides, falta de menstruação, hormônio folículo-estimulante (FSH) elevado ou algum outro problema. Outras vezes, porém, a causa está no estresse elevado de quem tenta engravidar. Como a infertilidade pode criar problemas familiares, o chakra da raiz também está envolvido. Esse chakra também deve ser levado em consideração quando uma mulher tenta formar uma família, mas não tem o apoio de familiares importantes ou, ainda, está preocupada em transmitir características genéticas indesejáveis. E como a geração de uma nova vida pode abalar a autoestima, no sentido de levar a mulher a se sentir impotente com relação ao próprio corpo, podem também ocorrer problemas no chakra do plexo solar, o nosso centro de poder.

Luto

CHAKRA AFETADO *chakra do coração*

É saudável ficarmos tristes quando perdemos alguém ou algo precioso. Todavia, se a tristeza não for processada, se negarmos sua existência ou se nos agarrarmos a ela de forma obsessiva, podemos desenvolver um bloqueio no chakra do coração. Se não for controlado, o desequilíbrio causado pela fixação prolongada à dor nos levará à solidão, à desesperança ou à amargura. Durante o luto, tendemos a nos isolar. O isolamento tem um propósito: as pessoas precisam de um tempo de recolhimento para liberar as tensões e processar os sentimentos. No entanto, como o chakra do coração representa o amor a nós mesmos e aos outros, um isolamento muito longo nos leva a ressentir-nos da falta de vínculos. Aos poucos precisamos voltar a nos relacionar com nós mesmos e com outras pessoas. No momento, a situação pode parecer permanente, mas tudo acaba se transformando e assumindo novos desdobramentos, inclusive nossa percepção de eterna separação daqueles que amamos.

Medo

CHAKRAS AFETADOS *chakra da raiz, chakra do plexo solar*

O medo nos faz perceber alguém ou algo como perigoso, prejudicial ou ameaçador à nossa existência. O medo causa uma alteração no cérebro e na função dos órgãos, desencadeando um movimento em nosso sistema nervoso simpático que nos leva ao modo de luta ou fuga. Trata-se de um comportamento de adaptação que nos ajuda a identificar ameaças e a sobreviver a predadores e desastres naturais. O medo é útil para a sobrevivência. Entretanto, uma permanência prolongada nesse estado afeta negativamente nossa vida. Algumas questões que podem provocar essa reação primária giram em torno das necessidades básicas de sobrevivência e da sensação de segurança em nossa vida, vizinhança e família.

Toda ameaça às nossas necessidades básicas produz um desequilíbrio no chakra da raiz. E caso tenhamos sido ensinados desde cedo a permanecer nesse medo, criam-se desarmonias permanentes no chakra da raiz que nos afetam como adultos. O medo prolongado também afeta o nosso sistema hormonal e causa fadiga adrenal (ver Fadiga Adrenal, página 72).

O medo pode afetar também o chakra do plexo solar, como consequência do desequilíbrio inicial do chakra da raiz. A falta de apoio em nossas necessidades básicas pode criar uma sensação de impotência e abalar a nossa autoestima, ambas relacionadas ao chakra do plexo solar.

Miomas e Cistos Uterinos

CHAKRA AFETADO *chakra do plexo sacral*

De acordo com a Clínica Mayo, miomas uterinos são tumores benignos que se formam no útero, em geral, durante períodos de gravidez. Muitas mulheres têm miomas uterinos em algum momento da vida. Às vezes, são assintomáticos, mas também podem crescer e chegar a um tamanho razoável, causando dores durante a menstruação, ao evacuar ou ao digerir alimentos. Podem, inclusive, afetar a respiração. Por sua vez, cistos são bolsas cheias de líquido que se formam nos ovários.

A formação anormal de um tumor no útero indica, em geral, que o chakra do plexo sacral está desequilibrado. Como existem bloqueios nos órgãos da reprodução, o corpo energético está informando que a energia e o fluxo criativos estão bloqueados. Você pode estar se apegando a pensamentos, emoções ou sentimentos antigos, negativos e tóxicos que estão impedindo o fluxo da energia vital. Podem ser empregos ou relacionamentos já desgastados, ou conflitos envolvendo a criatividade, a abundância, a reprodução e as relações na sua vida.

Neuropatia

CHAKRA AFETADO *chakra do terceiro olho*

A neuropatia, ou sensação de dor em todo o corpo ou em alguma área específica, é, em geral, causada por danos aos nervos, quase sempre resultado de uma lesão traumática, infecção, diabetes, efeitos colaterais da quimioterapia, causas hereditárias ou exposição a toxinas. Entretanto, se a causa não for uma lesão neurológica, a neuropatia pode ser consequência de um chakra do terceiro olho desequilibrado, por causa de seu envolvimento com distúrbios neurológicos. Um exemplo disso é a dor que podemos sentir quando não damos ouvidos à nossa intuição ou quando temos medo dos aspectos espirituais de nós mesmos. Muitas vezes, o medo que sentimos do nosso eu espiritual pode indicar que estamos prestes a criar vínculos mais profundos com nossa sabedoria interior ou que realmente temos uma intuição muito forte e tememos o nosso poder. Assim, se a neuropatia resultar de um bloqueio energético, talvez seja porque o nosso vínculo se dá apenas com o intelecto e a mente lógica, com exclusão de quaisquer perspectivas espirituais que possamos ter e com total adesão a possíveis elementos materiais – todos esses aspectos remetem a um chakra do terceiro olho em desequilíbrio.

Ódio de Si

CHAKRAS AFETADOS *chakra do coração, chakra da raiz, chakra do plexo solar*

O ódio de si mesmo se baseia na percepção de que não somos amáveis – de que não merecemos amor por agirmos de um modo que consideramos condenável ou porque, quando éramos mais jovens, pessoas viviam repetindo que não éramos dignos de amor. A crença de que não merecemos ser amados decorre diretamente da nossa desconexão do chakra do coração. O chakra do coração é a sede do amor – amor e compaixão por nós mesmos e pelos outros – e o amor sempre começa dentro de nós.

Se nos odiamos, o que é um comportamento aprendido com base em percepções antigas, precisamos examinar como passamos a acreditar nisso. Acrescente-se também que o ódio é uma energia e emoção raivosas. E a raiva sempre procede do medo. O medo da existência e a incapacidade de nos defender têm sua sede no chakra da raiz. O medo relacionado ao ódio de si mesmo também pode alojar-se no chakra do plexo solar, caso seja por causa da baixa autoestima. Se esse chakra está desequilibrado, nosso centro de poder fica afetado e a confiança nos abandona. Sentindo-nos impotentes, com medo da existência e desvinculados do nosso chakra do coração, passamos com facilidade a acreditar em percepções ultrapassadas de que não somos amáveis. O aspecto positivo aqui é que percepções ultrapassadas podem ser atualizadas e a energia pode se transformar rapidamente para se readaptar.

Problemas de Pele

CHAKRA AFETADO *chakra da coroa*

A pele é o nosso órgão mais extenso, e pode manifestar inúmeros distúrbios, entre eles acne, eczema, psoríase, rosácea, erupções cutâneas e dermatite. Embora os problemas de pele possam surgir como resultado de uma alimentação inadequada, estresse, problemas hormonais e rotinas inadequadas de cuidados com a pele, eles também podem se manifestar em consequência de um desequilíbrio do chakra da coroa. Se esse for o caso, é recomendável examinar todas as áreas da sua vida em que você se sente afastado da sua espiritualidade e do Divino e verificar se a falta de confiança em Deus ou na vida está lhe trazendo problemas.

Problemas Digestivos

CHAKRA AFETADO *chakra do plexo solar*

As dificuldades de digerir problemas que afetam a nossa vida física manifestam-se do mesmo modo no nosso sistema energético. Se você já perdeu o apetite, ou, ao contrário, teve um apetite voraz em reação ao estresse ou a notícias inquietantes, você já entende os efeitos de um chakra do plexo solar perturbado. Como esse chakra é o nosso centro de poder, quando nos sentimos afrontados nesse poder – como sensação de baixa autoestima, intimidação ou impotência – ele entra em desequilíbrio. Uma possível consequência é o surgimento de problemas digestivos.

Problemas Relacionados ao Peso

CHAKRAS AFETADOS *chakra da raiz, chakra do plexo solar, chakra do plexo sacral*

Embora os problemas de peso sejam frequentemente tratados com mudanças de comportamento, estilo de vida, exercícios e dieta alimentar, outra causa possível é a falta de estabilidade. A sensação de falta de estabilidade, de "enraizamento", revela problema do chakra da raiz. Um chakra da raiz equilibrado nos liga à natureza, ao mundo material.

Também nos faz sentir seguros – seja qual for a nossa situação de vida, todas as nossas necessidades básicas são atendidas. No entanto, o que quase sempre fazemos para sentir segurança é ganhar peso.

Outra possibilidade é que, às vezes, quando nos sentimos atacados, intimidados ou com baixa autoestima, impomos uma barreira "protetora" de gordura entre nós e o mundo. Nessa situação, a causa pode ser um desequilíbrio do chakra do plexo solar, o nosso centro de poder.

Às vezes podemos ter dificuldade em sentir nossas emoções e estar em contato com o prazer. Quando reprimimos nossos sentimentos relacionados com o que acontece ao nosso redor e dentro de nós, quando não processamos as emoções que podem ter moldado nossos sentimentos em torno de valores e da sobrevivência, e quando não sentimos prazer em comer, é possível que o nosso chakra do plexo sacral esteja desequilibrado.

Raiva

CHAKRAS AFETADOS *principalmente o chakra da raiz, mas também outros*

Em si mesma, a raiva é uma emoção saudável. Ela nos defende, nos ajuda a criar limites saudáveis, a iniciar ações e mudanças e a evitar situações prejudiciais. No entanto, quando não é expressa, quando é canalizada de modo inadequado ou prejudica a nós mesmos ou aos outros, pode trazer conflitos à nossa vida.

Quando estamos com raiva de uma situação ou de alguém, a origem dessa raiva encontra-se, em geral, no medo – medo de que a nossa segurança, a nossa subsistência ou sobrevivência estejam sendo ameaçadas. Por isso, a raiva normalmente ressoa com o chakra da raiz, o chakra da sobrevivência.

Mas o medo que se transforma em raiva pode afetar também os outros chakras. Por exemplo, o chakra da coroa pode precisar de equilíbrio se passamos por grandes provações na vida e estamos com raiva do(a) Divino/Fonte/Universo/Deus(a) pela injustiça vivida. O chakra do terceiro olho pode estar envolvido se não estivermos em contato com a nossa inteligência emocional, se não pudermos confiar no que está além do que podemos ver fisicamente (como ficar frustrados com uma situação atual sem ver o quadro geral, nem acreditar que temos opções diferentes da que está diante de nós), e contamos apenas com o nosso intelecto. Se somos impelidos à raiva por sermos silenciados ou incapazes de nos expressar, o chakra da garganta está em desarmonia. Se a nossa raiva se deve ao sentimento de que nosso coração foi pisoteado, se estamos presos a mágoas passadas, se nos sentimos solitários ou temos dificuldade de perdoar, o chakra do coração precisa de tratamento. Se estamos com raiva porque fomos colocados em uma dinâmica de poder doentia (como lidar com colegas de trabalho tóxicos ou ter um relacionamento abusivo), ou se sentimos que as coisas estão fora de controle em nossa vida, o chakra do plexo solar está em desequilíbrio.

Por fim, o chakra do plexo sacral pode estar desequilibrado se a nossa criatividade está sendo sufocada ou nossas emoções, reprimidas. A nossa raiva pode estar fervendo e pode até explodir, inesperadamente. Ela também pode derivar desse chakra se tivermos sofrido abuso sexual ou ameaças à nossa sexualidade.

Sintoma Pós-Traumático – Abuso Sexual

CHAKRAS AFETADOS *chakra do plexo sacral, chakra da raiz, chakra do plexo solar, chakra da garganta*

O abuso sexual é devastador para a vítima, dilacerando seu corpo e sua alma. Devido ao trauma, sobreviventes de abuso sexual podem anestesiar seus sentimentos ou dissociar-se deles para evitar dores profundas. Podem se sentir envergonhados e possivelmente culpar-se pelo ocorrido (apesar de totalmente inocentes). Sua sexualidade e seus sentimentos relacionados ao prazer podem mudar. Além disso, como no momento do abuso estabeleceu-se uma dinâmica de poder, a consequência pode ser problemas de controle. A raiva pela agressão sofrida, voltada contra si mesmo, e também contra o agressor, em geral, é reprimida. Dada a profundidade do trauma, todas essas reações são compreensíveis e todas têm relação com o chakra do plexo sacral.

Se o abuso foi perpetrado por um membro da família, e se familiares importantes se mostraram indiferentes diante do fato, sentimentos de traição, associados ao chakra da raiz, podem surgir e intensificar-se. Caso esse sofrimento não seja tratado, a autoconfiança e a autoestima, integrantes do chakra do plexo solar, ficam afetadas. Também o chakra da garganta é diretamente atingido, com a vítima calando-se ou sendo incapaz de falar (ou pelo menos sentindo-se constrangida ao fazê-lo). Por paradoxal que possa ser, há um componente terapêutico na ação de exercitar o chakra da garganta, como "desembuchar" e compartilhar histórias pessoais – não só para a vítima, mas também para as pessoas que precisam ouvir sua história. Pode ser assustador confidenciar emoções para pessoas com quem nos sentimos seguros, mas também, no final, esse pode ser o início da cura.

Sinusite

CHAKRA AFETADO *chakra do terceiro olho*

Se você sente dor nos seios da face, uma dor sem relação com alergias, fatores ambientais ou trauma direto, você pode ter um desequilíbrio no chakra do terceiro olho. Nosso sexto chakra está relacionado à nossa visão interior – nossa intuição além das evidências físicas. Ela nos ajuda a confiar no que está além do que podemos ver fisicamente e nos possibilita seguir nossas percepções instintivas.

Muitas vezes a sinusite pode ser um forte indício de que estamos irritados com alguém próximo e de que consideramos essa situação muito conflituosa. Se for esse o caso, avalie se o relacionamento ainda é saudável. Por outro lado, o problema talvez esteja na forma como você percebe a relação ou no fato de você agir movido por percepções antigas do que acontece no relacionamento atual.

Solidão

CHAKRA AFETADO *chakra do coração*

Quando nos sentimos sós, temos a impressão de não estarmos ligados a ninguém. Esse é um sentimento intenso e uma ilusão poderosa. O chakra do coração nos ensina que todos nós estamos equipados para amar e nos relacionar uns com os outros (sim, inclusive os que se dizem solitários!). O amor é real, e qualquer coisa que se assemelhe ao medo (como a solidão, que é se sentir desconectado ou o medo de estar desvinculado) não é. Todos nós precisamos de vínculos. Nosso chakra do coração quer que nos relacionemos, não apenas com nós mesmos – a relação mais importante de todas –, mas com outras pessoas. Quando estamos verdadeira e profundamente solitários, muitas vezes é porque o vínculo com nós mesmos se desfez. Esse é o domínio do chakra do coração.

Se você se sente só, pode ser porque esse chakra está desequilibrado e você pode ter se fechado para o amor, seja como reação por ter se decepcionado depois de abrir seu coração, seja porque acredita que não merece amor. Quando temos dificuldade de ser amorosos com nós mesmos, como reservar tempo para fazer as tarefas diárias, realizar rituais de autocuidado – por exemplo, descansar quando necessário, ingerir alimentos que nutram nosso sistema de forma saudável e cercar-nos de pessoas positivas –, é difícil para o nosso coração irradiar alegria. Quando nos amamos plena e completamente e estamos em sintonia com nosso chakra do coração, nunca ficamos realmente solitários, sejam quais forem as circunstâncias.

Vergonha

CHAKRAS AFETADOS *chakra do plexo sacral, chakra do plexo solar*

Temos vergonha quando nos sentimos humilhados – por alguma coisa errada que fizemos ou por algo que de certa forma reflete a ideia de que somos inadequados, ou seja, de que não somos bons ou fortes o bastante. Às vezes, podemos sentir vergonha de quem somos, de como agimos diante dos outros quando nos damos por derrotados e quando estão envolvidos sentimentos relacionados à sexualidade. Todos esses sentimentos fortes desestabilizam o chakra do plexo sacral, a sede das nossas emoções. Na verdade, como esse centro de energia é também o repositório dos sentimentos sobre sexo e sexualidade, em geral, as pessoas sentem vergonha do próprio corpo. Como a vergonha pode afetar nosso poder pessoal e o modo como nos vemos (muitas vezes reduzindo a própria autoestima em uma forma de autopunição por erros percebidos), o chakra do plexo solar também é atingido e a autoestima sofre as consequências.

Vício

CHAKRAS AFETADOS *principalmente o chakra da garganta, mas todos os outros também ficam prejudicados*

O vício ocorre quando nos tornamos dependentes de uma droga ou substância química, legal ou ilegal, da alimentação ou de um comportamento. O vício prolongado pode causar sérios problemas nos relacionamentos, na saúde física, mental e espiritual, no desempenho profissional e em aspectos no que diz respeito à legislação vigente. Quando nos tornamos dependentes, deixamos de nos comunicar com nós mesmos e com os outros, nos sentimos silenciados e incapazes de nos expressar. Todas essas características revelam um chakra da garganta desequilibrado.

Embora o vício esteja associado principalmente ao chakra da garganta, outros também podem causá-lo ou prolongá-lo. Quando sentimos vergonha por ser quem somos ou nos automedicamos para evitar o processamento de emoções dolorosas, o chakra do plexo sacral está envolvido. Se a dependência procede de fortes sentimentos de baixa autoestima ou de impotência, o chakra do plexo solar está envolvido. Se caímos no vício por sentirmos nossas bases instáveis ou por acharmos que ele favorece a nossa sobrevivência, o chakra da raiz pode estar clamando por ajuda. Se o que ocorre é uma tentativa de aquietar nosso coração partido ou se nos sentimos distantes de nós mesmos, o chakra do coração está na origem do nosso vício. O chakra da coroa está associado ao vício quando o Divino não faz parte da nossa vida e nos sentimos sozinhos no mundo.

Por fim, às vezes o vício pode estar relacionado à capacidade do chakra do terceiro olho de ver além do que enxergam os olhos físicos (como ter habilidades psíquicas ou confiar no que ainda não sabemos ou compreendemos). Ou seja, o comportamento vicioso pode ser uma tentativa de anestesiar essas habilidades psíquicas, pois o dependente as considera assustadoras ou não as compreende.

Este capítulo dedicou-se ao exame de uma longa lista de sintomas e doenças comuns, relacionando-os aos respectivos chakras. Na sequência, conheceremos diversas formas de tratamento para cada chakra.

# 4

TÉCNICAS ESPECIAIS E TRATAMENTOS

Este capítulo está dividido em oito seções – cada uma dedicada a um dos sete chakras e uma última abordando o tratamento de vários chakras ao mesmo tempo. Em cada seção, apresentamos algumas técnicas já testadas e aprovadas que auxiliam a mim e aos meus pacientes a entrar em contato com cada chakra. Essas técnicas práticas são recursos para ajudá-lo a iniciar sua jornada de cura.

CHAKRA DA RAIZ

Com o chakra da raiz em harmonia, você se sente estável, seguro de que suas necessidades básicas estão sendo supridas e se sente conectado à sua família e a seu grupo social de modos saudáveis. A meditação, as técnicas com cristais, as aplicações de óleos essenciais e as posturas de yoga apresentadas a seguir o ajudarão a perceber o que você pode estar retendo neste chakra. Ainda mais importante: contribuirão de modo decisivo para que você entre em contato com este vórtice de energia interno, tornando-o, assim, receptivo à sabedoria que ele contém.

Meditação

Essa é uma meditação/visualização simples e de eficácia comprovada para entrar em contato com o chakra da raiz.

1. Sentado ou deitado de modo confortável, faça três respirações lentas e profundas. Ao inspirar, imagine o ar energizando a região do períneo – a área entre os órgãos genitais e o ânus. Ao expirar, libere tudo o que possa estar retendo nessa região: medos, sofrimento e mesmo expectativas de como deve se sentir ao fazer essa meditação. Pessoalmente, mantenho as mãos sobre o coração, o que me ajuda a entrar em contato mais rapidamente com o chakra que é foco da minha atenção. Se preferir, você pode colocar uma das mãos sobre o chakra do coração e a outra sobre o osso púbico – a área óssea onde começam os pelos pubianos. Você pode também posicionar as mãos na região inferior dos quadris.

2. "Desperte" o contato com este chakra batendo de leve com a ponta dos dedos no topo do osso púbico ou em ambos os lados da parte inferior dos quadris. Como alternativa, massageie suavemente essa área com pequenos movimentos circulares feitos com os três dedos intermediários apoiados pelo polegar.

3. A cada respiração seguinte, inspirando e expirando pelo nariz, continue dirigindo o ar para o chakra da raiz. Imagine uma bola de luz vermelha nessa região, pulsando e avolumando-se. Se você se identifica mais com a energia masculina, gire a bola no sentido horário; se você se identifica mais com a energia feminina, gire a bola no sentido anti-horário.

4. À medida que você se entrega a um estado de serenidade cada vez mais profundo, pergunte ao seu chakra da raiz o que ele precisa neste momento. Respire um pouco mais e observe se recebe alguma resposta. Esta pode chegar-lhe na forma de palavra, som, melodia, imagem, cor, sentimento ou intuição. Em seguida, aja de acordo com a

resposta recebida. Caso nada aconteça, não se preocupe! Com o tempo e a prática continuada, as respostas começarão a aparecer.

5. Se você não tiver nenhum dos pressentimentos mencionados, mas se der conta de certa sensação nessa área, algo como uma pulsação em algum ponto na região inferior dos quadris e talvez deslocando-se até os pés, você está entrando em contato com o seu chakra da raiz!

6. Concluída a meditação, faça três respirações lentas e profundas, direcionando a energia da inspiração para a planta dos pés, para ancorar-se. Em seguida, abra os olhos lentamente.

7. *Cuidados ao fazer esta meditação/visualização*: Como é necessário algum tempo para desenvolver esta prática, seja paciente consigo mesmo. Se você começar a sentir dor na região lombar ou nas pernas é sinal de que está forçando demais. Interrompa a prática e a retome quando se sentir relaxado. Além disso, saiba que mesmo praticantes experientes têm o que com muita propriedade se denomina "mente de macaco", em que pensamentos de toda ordem invadem a mente, distraindo-o por alguns instantes. Veja isso como uma oportunidade para observar o pensamento invasor sem julgar, deixe que se vá e reconduza a atenção calmamente ao seu foco.

Cristais

Rubi, granada, turmalina negra, heliotrópio, hematita, obsidiana, ônix, jaspe vermelho, magnetita, quartzo-enfumaçado e ágata de fogo são os cristais que ressoam com o chakra da raiz. (As ilustrações desses cristais encontram-se no Apêndice B, página 158.)

Ao usar cristais para entrar em contato com o chakra da raiz, inicialmente purifique-os das energias de pessoas que possam tê-los manuseado antes de você e expresse a intenção que o move a recorrer a eles neste momento. Você pode limpar os cristais:

- Defumando-os com sálvia branca. Acenda um bastão (ou maço) de sálvia branca, apagando-o assim que a chama se estabilizar e começar a fumegar. Exponha o cristal à fumaça por alguns segundos, definindo a intenção de usá-lo para entrar em contato com o chakra da raiz. Esse é o meu método preferido, porque depois de limpar o cristal, podemos também purificar o corpo direcionando a fumaça aos demais chakras (e a outras partes do corpo) com a mão que estiver livre.
- Deixando-os expostos à luz da lua durante a noite para absorver os raios lunares.
- Lavando-os em água corrente ou mergulhando-os em água salgada. Ao limpar com água, tenha cuidado. Pedras com baixa classificação na escala de dureza de Mohs (escala que identifica espécimes minerais e os classifica de acordo com sua resistência a "arranhões", como de unha, moeda, vidro ou outro material) podem ficar danificadas ou mesmo dissolver-se.

Depois de limpar e carregar os cristais, você pode trabalhar com eles de diversas maneiras:

- Sentado ou deitado, solte todas as tensões e relaxe. Segure o cristal na mão esquerda – a mão receptora – para que possa receber a energia de cura do cristal. Perceba o que você capta do cristal. Ele parece pulsar na sua mão? Algo como uma leve pontada? Talvez apenas uma sutil sensação da energia do cristal? Caso não sinta nada disso, tudo bem. Às vezes, é preciso tempo para entrar em sintonia com a energia de uma pedra. Peça ao cristal que o ajude a entrar em contato com a sabedoria do chakra da raiz. Mantenha a mente e o coração receptivos a uma resposta, a qual pode assumir a forma de imagens, cores, sons, palavras, lembranças, emoções ou outras possíveis impressões. Lembre-se de que trabalhar com cristais implica certo hábito. Se o chakra da raiz não se manifestar de imediato (o que é muito provável na primeira tentativa; tudo é possível, porém!), entenda que mesmo assim você está um passo mais perto de entrar em sintonia com ele. Tenha paciência e saiba que você está no caminho.

- Como alternativa, estando deitado, coloque o cristal do chakra da raiz escolhido sobre o osso púbico. Faça três respirações lentas e profundas. Absorva a energia do cristal. Como na técnica anterior, você pode sentir o pulsar da energia que ocupa essa região, como um leve batimento cardíaco. Talvez você sinta uma sutil energia estática movimentando-se em algum ponto, desde a região inferior dos quadris até os pés. Ou pode dar-se conta de que a energia do cristal está interagindo com sua energia. Caso não sinta nada disso, não se preocupe! Considere repetir a afirmação sugerida no último parágrafo da seção Óleos Essenciais para fortalecer sua intenção de harmonizar-se com o chakra da raiz.

Óleos Essenciais

Mirra, *vetiver*, sândalo, *patchouli* e nardo são os óleos essenciais que correspondem ao chakra da raiz.

Para usar um único óleo (ou uma mistura de óleos) que o ajude a se relacionar com o chakra da raiz, adicione no máximo 5 ou 6 gotas de óleo essencial para uma colher de sopa de um óleo carreador (como jojoba). Caso queira misturar dois óleos essenciais, 5 ou 6 gotas de cada, considere a medida de duas colheres de sopa de óleo carreador, e assim por diante.

Normalmente, recomendo aplicar óleos essenciais sobre os próprios chakras. No entanto, devido à localização e sensibilidade da pele na área do chakra da raiz é melhor ativar os óleos de outra forma.

Primeiro, friccione as mãos com uma pequena porção de óleo essencial. A fricção libera o perfume e a energia dos óleos. Espalme as mãos para liberar a fragrância. Inale profundamente o perfume. Coloque as palmas abertas sobre o osso púbico, possibilitando que a energia dos óleos penetre na área. Como alternativa, coloque as duas mãos na região inferior dos quadris.

Se decidir aplicar os óleos diretamente sobre o chakra da raiz, ou se preferir ativar suas propriedades friccionando-os nas palmas, reserve alguns minutos para estabelecer uma relação intencional com seu chakra da raiz. Diga algo como:

"Tenho neste momento a intenção de entrar em contato com o chakra da raiz. Que eu possa me sentir estabilizado e seguro em meu ser e existência. Livro-me de todo o medo que me impede de me sentir seguro na minha vida. Peço sustentação, confiando que todas as minhas necessidades básicas serão atendidas, que me relacionarei de modo saudável com minha família e com meu grupo social e que serei resistente o bastante para enfrentar os altos e baixos da vida. Assim seja".

Yoga

O chakra da raiz representa estabilidade e sustentação. Os *asanas* que lhe correspondem são posições em pé que fortalecem as pernas e a capacidade de firmar-se. As principais posturas de equilíbrio em pé para regular este chakra são: Postura do Guerreiro I, Postura do Guerreiro II, Postura da Árvore e Postura da Cadeira. As posturas sentadas também promovem a formação de uma base sólida. Esticar as panturrilhas favorece a Postura em Pé com Flexão para a Frente e a Postura com a Cabeça no Joelho. Posições restauradoras, como a Postura Reclinada em Ângulo Fechado, a Postura do Cadáver com Apoio e a Postura da Criança com Apoio ajudam-nos a ceder à gravidade e à estabilidade deste chakra. (Ver ilustrações de posturas de yoga no Apêndice A, página 146.)

Outras Sugestões

- Alimente-se de tubérculos, raízes comestíveis, como cenouras, o que o ajudará a "enraizar-se".
- Dedique algum tempo a atividades que possam ser realizadas de pés descalços, "plantando-os" na terra, no solo ou na areia.
- Dedique algum tempo para o contato com a natureza.
- Pratique a arte da cerâmica (o que também ajuda o chakra do plexo sacral).
- Sapateie, pisoteie, bata com os pés para ter contato com a terra ou com o chão (mesmo se estiver em um prédio).
- Entoe este mantra para o chakra da raiz: "LAM".

CHAKRA DO PLEXO SACRAL

Com o chakra do plexo sacral em harmonia, você tem condições de se relacionar com suas emoções, sua expressão criativa, sua sexualidade e sua abundância de modos saudáveis. A meditação, as técnicas com cristais, as aplicações de óleos essenciais e as posturas de yoga apresentadas a seguir o ajudarão a perceber o que você pode estar retendo neste chakra. Ainda mais importante: contribuirão de modo decisivo para que você entre em contato com este vórtice de energia interno, tornando-o, assim, receptivo à sabedoria que ele contém.

Meditação

Esta é uma meditação/visualização simples e de eficácia comprovada para entrar em contato com o chakra do plexo sacral.

1. Sentado ou deitado de modo confortável, faça três respirações lentas e profundas. Ao inspirar, imagine o ar energizando a região a cinco centímetros abaixo do umbigo. Ao expirar, libere tudo o que possa estar retendo nessa região: medos, sofrimento e mesmo expectativas de como deve se sentir ao fazer esta meditação. Pessoalmente, mantenho as mãos sobre o coração, o que me ajuda a entrar em contato mais rapidamente com o chakra que é foco da minha atenção. Se preferir, você pode colocar uma das mãos sobre o chakra do coração e a outra sobre o chakra do plexo sacral.

2. "Desperte" o contato com este chakra batendo de leve com a ponta dos dedos cinco centímetros abaixo do umbigo ou massageando suavemente a área com pequenos movimentos circulares feitos com os três dedos intermediários apoiados pelo polegar.

3. A cada respiração seguinte, inspirando e expirando pelo nariz, continue dirigindo o ar para o chakra do plexo sacral. Imagine uma bola de luz alaranjada nessa área, pulsando e avolumando-se. Se você se identifica mais com a energia masculina, gire a bola no sentido anti-horário; se você se identifica mais com a energia feminina, gire a bola no sentido horário.

4. À medida que você se entrega a um estado de serenidade cada vez mais profundo, pergunte ao seu chakra do plexo sacral o que ele precisa neste momento. Respire um pouco mais e observe se recebe alguma resposta. Esta pode chegar-lhe na forma de palavra, som, melodia, imagem, cor, sentimento ou intuição. Em seguida, aja de acordo com a resposta recebida. Caso nada aconteça, não se preocupe! Com o tempo e a prática continuada, as respostas começarão a aparecer.

5. Se você não tiver nenhum dos pressentimentos mencionados, mas se der conta de certa sensação nessa área, algo como uma pulsação ou uma sutil abertura e expansão, você está entrando em contato com o seu chakra do plexo sacral!
6. Concluída a meditação, faça três respirações lentas e profundas, direcionando a energia da inspiração para a planta dos pés, para ancorar-se. Em seguida, abra os olhos lentamente.
7. *Cuidados ao fazer esta meditação/visualização*: Como é necessário algum tempo para desenvolver esta prática, seja paciente consigo mesmo. Se começar a sentir sinais de dor no baixo-ventre, é sinal de que está forçando demais. Interrompa a prática e retome quando se sentir relaxado. Além disso, saiba que mesmo praticantes experientes têm o que com muita propriedade se denomina "mente de macaco", em que pensamentos de toda ordem invadem a mente, distraindo-o por alguns instantes. Veja isso como uma oportunidade para observar o pensamento invasor sem julgar, deixe que se vá e reconduza a atenção calmamente ao seu foco.

Cristais

Cornalina, âmbar, pedra da lua, coral, turmalina laranja e pedra do sol são os cristais que ressoam com o chakra do plexo sacral. (As ilustrações desses cristais encontram-se no Apêndice B, página 158.)

Ao usar cristais para entrar em contato com o chakra do plexo sacral, inicialmente purifique-os das energias de pessoas que possam tê-los manuseado antes de você e expresse a intenção que o move a recorrer a eles neste momento. Você pode limpar os cristais:

- Defumando-os com sálvia branca. Acenda um bastão (ou maço) de sálvia branca, apagando-o assim que a chama se estabilizar e começar a fumegar. Exponha o cristal à fumaça por alguns segundos, definindo a intenção de usá-lo para entrar em contato com o chakra do plexo sacral. Esse é o meu método preferido, porque depois de limpar o cristal, podemos também purificar o corpo direcionando a fumaça aos demais chakras (e a outras partes do corpo) com a mão que estiver livre.
- Deixando-os expostos à luz da lua durante a noite para absorver os raios lunares.
- Lavando-os em água corrente ou mergulhando-os em água salgada. Ao limpar com água, tenha cuidado. Pedras com baixa classificação na escala de dureza de Mohs (escala que identifica espécimes minerais e os classifica de acordo com sua resistência a "arranhões", como de unha, moeda, vidro ou outro material) podem ficar danificadas ou mesmo dissolver-se.

Depois de limpar e carregar os cristais, você pode trabalhar com eles de diversas maneiras:

- Sentado ou deitado, solte todas as tensões e relaxe. Segure o cristal na mão esquerda – a mão receptora – para que possa receber a energia de cura do cristal. Perceba o que você capta do cristal. Ele parece pulsar na sua mão? Algo como uma leve pontada? Talvez apenas uma sutil sensação da energia do cristal? Caso não sinta nada disso, tudo bem. Às vezes, é preciso tempo para entrar em sintonia com a energia de uma pedra. Peça ao cristal que o ajude a entrar em contato com a sabedoria do chakra do plexo sacral. Mantenha a mente e o coração receptivos a uma resposta, a qual pode assumir a forma de imagens, cores, sons, palavras, lembranças, emoções ou outras possíveis impressões. Lembre-se de que trabalhar com cristais implica certo hábito. Se o chakra do plexo sacral não se manifestar de imediato (o que é muito provável na primeira tentativa; tudo é possível, porém!), entenda que mesmo assim você está um passo mais perto de entrar em sintonia com ele. Tenha paciência e saiba que você está no caminho.

- Como alternativa, estando deitado, coloque o cristal do chakra do plexo sacral escolhido sobre a área cinco centímetros abaixo do umbigo. Faça três respirações lentas e profundas. Absorva a energia do cristal. Como na técnica anterior, você pode sentir o pulsar da energia que ocupa essa região como um leve batimento cardíaco. Talvez você sinta uma sutil energia estática. Ou pode dar-se conta de que a energia do cristal está interagindo com a sua energia. Caso não sinta nada disso, não se preocupe! Considere repetir a afirmação sugerida no último parágrafo da seção Óleos Essenciais para fortalecer sua intenção de harmonizar-se com o chakra do plexo sacral.

Óleos Essenciais

Ilangue-ilangue, limão, *patchouli*, pau-rosa e sândalo são os óleos essenciais que correspondem ao chakra do plexo sacral.

Para usar um único óleo (ou uma mistura de óleos) que o ajude a se relacionar com o chakra do plexo sacral, adicione no máximo 5 ou 6 gotas de óleo essencial para uma colher de sopa de um óleo carreador (como jojoba). Caso queira misturar dois óleos essenciais, 5 ou 6 gotas de cada, considere a medida de duas colheres de sopa de óleo carreador, e assim por diante. Aplique uma pequena quantidade com um chumaço de algodão sobre a região do chakra do plexo sacral.

Outra possibilidade é friccionar as mãos com uma pequena porção de óleo. A fricção libera o perfume e a energia dos óleos. Espalme as mãos para liberar a fragrância. Inale profundamente o perfume e posicione as palmas sobre a área do chakra.

Se decidir aplicar os óleos diretamente sobre o chakra do plexo sacral, ou se decidir ativar suas propriedades friccionando-os nas palmas, reserve alguns minutos para estabelecer uma relação intencional com o chakra. Diga algo como:

"Tenho neste momento a intenção de comunicar-me com o meu chakra do plexo sacral. Desejo entrar em contato com as minhas emoções de modo saudável, expressar-me criativamente para o mundo e manter uma relação enriquecedora com o prazer e com os aspectos emocionais da minha sexualidade, de modo que me propiciem sustentação. Livro-me de todo medo que me impede de estar em contato com as minhas emoções, minha criatividade, minha abundância e minha sexualidade. Peço sustentação na harmonia das minhas emoções e clarissenciência para que eu possa ficar sossegado com o que sinto. Assim seja".

Yoga

O chakra do plexo sacral representa delicadeza e criatividade, mas é também a sede da nossa força física. Os *asanas* que lhe correspondem são todos os que estimulam os músculos principais, como a Postura do Bastão em Quatro Apoios e todas as posturas do Guerreiro. A criatividade e o elemento Água podem ser alimentados por meio do movimento fluido e da respiração, promovendo flexibilidade na região inferior da coluna – a Postura da Criança, a Postura do Bebê Feliz e a Postura do Cachorro Olhando para Baixo são excelentes para isso. Outras posições podem ajudar a abrir o quadril e a virilha, como a Postura da Cara-de-Vaca, a Postura em Ângulo Fechado e a inclinação das pernas para a frente no primeiro estágio da Postura do Pombo. (Ver ilustrações das posturas de yoga no Apêndice A, página 146.)

Outras Sugestões

- Dance – especialmente a dança do ventre, danças latinas, como salsa e outras, que movimentam a região dos quadris.
- Pratique bambolê.
- Aprenda tantra para entrar em contato com sua sexualidade em um nível mais consciente.
- Procure manter um diário, escrever, pintar ou adotar outra forma de expressão criativa para ajudar a canalizar as emoções.
- Aprenda a expressar suas emoções de maneira saudável.
- Inclua jogos e brincadeiras em seu dia a dia para desenvolver a flexibilidade ao mesmo tempo em que aprende a sentir prazer e alegria.
- Entoe este mantra correspondente ao chakra do plexo sacral: "VAM".

CHAKRA DO PLEXO SOLAR

Com o chakra do plexo solar em harmonia, você está em sintonia com seu poder, comunica-se com a força do seu guerreiro interior e preserva sua autoestima. A meditação, as técnicas com cristais, as aplicações de óleos essenciais e as posturas de yoga apresentadas a seguir o ajudarão a perceber o que você pode estar retendo neste chakra. Ainda mais importante: contribuirão de modo decisivo para que você entre em contato com este vórtice de energia interno, tornando-o, assim, receptivo à sabedoria que ele contém.

Meditação

Esta é uma meditação/visualização simples e de eficácia comprovada para entrar em contato com o chakra do plexo solar.

1. Sentado ou deitado de modo confortável, faça três respirações lentas e profundas. Ao inspirar, imagine o ar energizando a área acima do umbigo. Ao expirar, libere tudo o que possa estar retendo nessa região: medos, sofrimento e mesmo expectativas de como deve se sentir ao fazer esta meditação. Pessoalmente, mantenho as mãos sobre o coração, o que me ajuda a entrar em contato mais rapidamente com o chakra que é foco da minha atenção. Se preferir, você pode colocar uma das mãos sobre o chakra do coração e a outra sobre o chakra do plexo solar.

2. "Desperte" o contato com este chakra batendo de leve com a ponta dos dedos cinco centímetros acima do umbigo ou massageando suavemente a área com pequenos movimentos circulares feitos com os três dedos intermediários apoiados pelo polegar.

3. A cada respiração seguinte, inspirando e expirando pelo nariz, continue dirigindo o ar para o chakra do plexo solar. Imagine uma bola de luz amarela nessa região, pulsando e avolumando-se. Se você se identifica mais com a energia masculina, gire a bola no sentido horário; se você se identifica mais com a energia feminina, gire a bola no sentido anti-horário.

4. À medida que você se entrega a um estado de serenidade cada vez mais profundo, pergunte ao seu chakra do plexo solar o que ele precisa neste momento. Respire um pouco mais e observe se recebe alguma resposta. Esta pode chegar-lhe na forma de palavra, som, melodia, imagem, cor, sentimento ou intuição. Em seguida, aja de acordo com a resposta recebida. Caso nada aconteça, não se preocupe! Com o tempo e a prática continuada, as respostas começarão a aparecer.

5. Se você não tiver nenhum dos pressentimentos mencionados, mas se der conta de certa sensação nessa área, algo como uma pulsação ou uma sutil abertura e expansão, você está entrando em contato com o seu chakra do plexo solar!
6. Concluída a meditação, faça três respirações lentas e profundas, direcionando a energia da inspiração para a planta dos pés, para ancorar-se. Em seguida, abra os olhos lentamente.
7. *Cuidados ao fazer esta meditação/visualização*: Como é necessário algum tempo para desenvolver esta prática, seja paciente consigo mesmo. Se começar a sentir sinais de dor no estômago, é sinal de que está forçando demais. Interrompa a prática e retome quando se sentir relaxado. Além disso, saiba que mesmo praticantes experientes têm o que com muita propriedade se denomina "mente de macaco", em que pensamentos de toda ordem invadem a mente, distraindo-o por alguns instantes. Veja isso como uma oportunidade para observar o pensamento invasor sem julgar, deixe que se vá e reconduza a atenção calmamente ao seu foco.

Cristais

Citrino, âmbar, topázio amarelo, olho de tigre, ágata amarela e quartzo-rutilado são os cristais que ressoam com o chakra do plexo solar. (As ilustrações desses cristais encontram-se no Apêndice B, página 158.)

Ao usar cristais para entrar em contato com o chakra do plexo solar, inicialmente purifique-os das energias de pessoas que possam tê-los manuseado antes de você e expresse a intenção que o move a recorrer a eles neste momento. Você pode limpar os cristais:

- Defumando-os com sálvia branca. Acenda um bastão (ou maço) de sálvia branca, apagando-o assim que a chama se estabilizar e começar a fumegar. Exponha o cristal à fumaça por alguns segundos, definindo a intenção de usá-lo para entrar em contato com o chakra do plexo solar. Esse é o meu método preferido, porque depois de limpar o cristal, podemos também purificar o corpo direcionando a fumaça aos demais chakras (e a outras partes do corpo) com a mão que estiver livre.
- Deixando-os expostos à luz da lua durante a noite para absorver os raios lunares.
- Lavando-os em água corrente ou mergulhando-os em água salgada. Ao limpar com água, tenha cuidado. Pedras com baixa classificação na escala de dureza de Mohs (escala que identifica espécimes minerais e os classifica de acordo com sua resistência a "arranhões", como de unha, moeda, vidro ou outro material) podem ficar danificadas ou mesmo dissolver-se.

Depois de limpar e carregar os cristais, você pode trabalhar com eles de diversas maneiras:

- Sentado ou deitado, solte todas as tensões e relaxe. Segure o cristal na mão esquerda – a mão receptora – para que possa receber a energia de cura do cristal. Perceba o que você capta do cristal. Ele parece pulsar na sua mão? Algo como uma leve pontada? Talvez apenas uma sutil sensação da energia do cristal? Caso não sinta nada disso, tudo bem. Às vezes, é preciso tempo para entrar em sintonia com a energia de uma pedra. Peça ao cristal que o ajude a entrar em contato com a sabedoria do seu chakra do plexo solar. Mantenha sua mente e seu coração receptivos a uma resposta, a qual pode assumir a forma de imagens, cores, sons, palavras, lembranças, emoções ou outras possíveis impressões. Lembre-se de que trabalhar com cristais implica certo hábito. Se o seu chakra do plexo solar não se manifestar de imediato (o que é muito provável na primeira tentativa; tudo é possível, porém!), entenda que ainda assim você está um passo mais perto de entrar em sintonia com ele. Tenha paciência e saiba que você está no caminho.

- Como alternativa, estando deitado, coloque o cristal do chakra do plexo solar escolhido cinco centímetros acima do umbigo. Faça três respirações lentas e profundas. Absorva a energia do cristal. Como na técnica anterior, você pode sentir o pulsar da energia nessa região, como um leve batimento cardíaco. Talvez você sinta uma sutil energia estática. Ou pode dar-se conta de que a energia do cristal está interagindo com a sua energia. Caso não sinta nada disso, não se preocupe! Considere repetir a afirmação sugerida no último parágrafo da seção Óleos Essenciais para fortalecer sua intenção de harmonizar-se com o seu chakra do plexo solar.

Óleos Essenciais

Limão, lavanda, camomila romana, pau-rosa e alecrim são os óleos essenciais que correspondem ao chakra do plexo solar.

Para usar um único óleo (ou uma mistura de óleos) que o ajude a se relacionar com o chakra do plexo solar, adicione no máximo 5 ou 6 gotas de óleo essencial para uma colher de sopa de um óleo carreador, (como jojoba). Caso queira misturar dois óleos essenciais, 5 ou 6 gotas de cada, considere a medida de duas colheres de sopa de óleo carreador e assim por diante. Aplique uma pequena quantidade com um chumaço de algodão sobre a região do chakra do plexo solar.

Outra possibilidade é friccionar as mãos com uma pequena porção de óleo. A fricção libera o perfume e a energia dos óleos. Espalme as mãos para liberar a fragrância. Inale profundamente o perfume e posicione as palmas sobre a área do chakra.

Se decidir aplicar os óleos diretamente sobre o chakra do plexo solar, ou se preferir ativar suas propriedades friccionando-os nas palmas, reserve alguns minutos para estabelecer uma relação intencional com o chakra. Diga algo como:

"Tenho neste momento a intenção de comunicar-me com o meu chakra do plexo solar. Desejo compreender o meu valor e poder pessoais. Livro-me de todo medo que me impede de estar em contato com o propósito de vida da minha alma. Peço apoio de todas as formas para estar em contato com meu guerreiro interior, sentir-me pleno e centrado em quem eu sou e confiar em mim mesmo. Assim seja".

Yoga

O chakra do plexo solar é o centro do poder pessoal e da confiança. Assim, será de grande proveito aqui toda postura que movimentar muita energia, que o fizer sentir-se forte, que avivar a chama do seu "fogo interior" ou que favorecer a flexibilidade da sua coluna dorsal. Pratique a Postura do Gato, a Postura da Vaca, a Saudação ao Sol, a Postura do Barco e a Postura do Meio Barco. (Ver ilustrações das posturas de yoga no Apêndice A, página 146) Posturas que requerem o levantamento de pernas também são muito eficazes. Além disso, você pode praticar exercícios de respiração, como a Respiração de Fogo ou a Respiração do Fole/Sopro de Fogo.

Uma observação sobre a Respiração de Fogo e a Respiração do Fole: esses exercícios respiratórios podem acelerar o metabolismo e gerar muita energia, por isso evite fazê-los pouco antes de dormir. A Respiração de Fogo é feita pelo nariz, com a boca fechada. O foco está na exalação – o ar é expelido rapidamente sugando o abdômen para dentro e para cima abruptamente. Com isso, a inalação ocorre automaticamente antes da próxima exalação forçada. A Respiração do Fole também consiste em inspirar e expirar pelo nariz, mantendo a boca fechada. Aqui, a origem da ação está no umbigo, que se recolhe na exalação e expande na inalação. A inspiração e a expiração são rítmicas e completas, e assim mais lentas do que na Respiração de Fogo.

Outras Sugestões

- Use roupas amarelas.
- Entoe o som "RA", que abre o chakra do plexo solar.
- Pratique artes marciais (internas ou externas), o que ajuda a fortalecer o poder pessoal.
- Estabeleça limites energéticos saudáveis com as pessoas ao seu redor para fortalecer seu poder interior. Uma maneira simples de fazer isso é visualizar-se envolvido por uma esfera de luz branca, especialmente se estiver prestes a entrar em uma situação estressante, como uma conversa com um colega de trabalho tóxico, ou, se sofrer de ansiedade social, antes de entrar em uma sala repleta de pessoas.
- Pratique ações fora da sua zona de conforto, o que ajuda a criar confiança em sua própria resiliência.

CHAKRA DO CORAÇÃO

Com o chakra do coração em harmonia, você está em sintonia consigo mesmo e em condições de cultivar a alegria, a autoestima e a compaixão. A meditação, as técnicas com cristais, as aplicações de óleos essenciais e as posturas de yoga apresentadas a seguir o ajudarão a perceber o que você pode estar retendo neste chakra. Ainda mais importante: contribuirão de modo decisivo para que você entre em contato com este vórtice de energia interno, tornando-o, assim, receptivo à sabedoria que ele contém.

Meditação

Esta é uma meditação/visualização simples e de eficácia comprovada para entrar em contato com o chakra do coração.

1. Sentado ou deitado de modo confortável, faça três respirações lentas e profundas. Ao inspirar, imagine o ar energizando o centro do peito. Ao expirar, libere tudo o que possa estar retendo nessa região: medos, sofrimento e mesmo expectativas de como deve se sentir ao fazer esta meditação. Manter as mãos sobre o coração enquanto medita pode ajudá-lo a entrar em contato mais rapidamente com o chakra do coração.
2. "Desperte" o contato com este chakra batendo de leve com a ponta dos dedos no centro do peito ou massageando suavemente a área com pequenos movimentos circulares feitos com os três dedos intermediários apoiados pelo polegar.
3. A cada respiração seguinte, inspirando e expirando pelo nariz, continue dirigindo o ar para o chakra do coração. Imagine uma bola de luz verde nessa região, pulsando e avolumando-se. Se você se identifica mais com a energia masculina, gire a bola no sentido anti-horário; se você se identifica mais com a energia feminina, gire a bola no sentido horário.
4. À medida que você se entrega a um estado de serenidade cada vez mais profundo, pergunte ao seu chakra do coração o que ele precisa neste momento. Respire um pouco mais e observe se recebe alguma resposta. Esta pode chegar-lhe na forma de palavra, som, melodia, imagem, cor, sentimento ou intuição. Em seguida, aja de acordo com a resposta recebida. Caso nada aconteça, não se preocupe! Com o tempo e a prática continuada, as respostas começarão a aparecer.

5. Se você não tiver nenhum dos pressentimentos mencionados, mas se der conta de certa sensação nessa área, algo como uma expansão ou uma sutil elevação da energia no centro do peito, você está entrando em contato com o seu chakra do coração!

6. Concluída a meditação, faça três respirações lentas e profundas, direcionando a energia da inspiração para a planta dos pés, para ancorar-se. Em seguida, abra os olhos lentamente.

7. *Cuidados ao fazer esta meditação/visualização*: Como é necessário algum tempo para desenvolver esta prática, seja paciente consigo mesmo. Se perceber que a frequência cardíaca aumenta em ritmo preocupante, é sinal de que você está forçando demais. Interrompa a prática e retome quando se sentir mais relaxado. Além disso, saiba que mesmo praticantes experientes têm o que com muita propriedade se denomina "mente de macaco", em que pensamentos de toda ordem invadem a mente, distraindo-o por alguns instantes. Veja isso como uma oportunidade para observar o pensamento invasor sem julgar, deixe que se vá e reconduza a atenção calmamente ao seu foco.

Cristais

Quartzo rosa, esmeralda, turmalina verde, jade, calcita verde, cianita verde e peridoto são os cristais que ressoam com o chakra do coração. (As ilustrações desses cristais encontram-se no Apêndice B, página 158.)

Ao usar cristais para entrar em contato com o chakra do coração, inicialmente purifique-os das energias de pessoas que possam tê-los manuseado antes de você e expresse a intenção que o move a recorrer a eles neste momento. Você pode limpar os cristais:

- Defumando-os com sálvia branca. Acenda um bastão (ou maço) de sálvia branca, apagando-o assim que a chama se estabilizar e começar a fumegar. Exponha o cristal à fumaça por alguns segundos, definindo a intenção de usá-lo para entrar em contato com o chakra do coração. Esse é o meu método preferido, porque depois de limpar o cristal, podemos também purificar o corpo direcionando a fumaça aos demais chakras (e a outras partes do corpo) com a mão que estiver livre.
- Deixando-os expostos à luz da lua durante a noite para absorver os raios lunares.
- Lavando-os em água corrente ou mergulhando-os em água salgada. Ao limpar com água, tenha cuidado. Pedras com baixa classificação na escala de dureza de Mohs (escala que identifica espécimes minerais e os classifica de acordo com sua resistência a "arranhões", como de unha, moeda, vidro ou outro material) podem ficar danificadas ou mesmo dissolver-se.

Depois de limpar e carregar os cristais, você pode trabalhar com eles de diversas maneiras:

- Sentado ou deitado, solte todas as tensões e relaxe. Segure o cristal na mão esquerda – a mão receptora – para que possa receber a energia de cura do cristal. Perceba o que você capta do cristal. Ele parece pulsar na sua mão? Algo como uma leve pontada? Talvez apenas uma sutil sensação da energia do cristal? Caso não sinta nada disso, tudo bem. Às vezes, é preciso tempo para entrar em sintonia com a energia de uma pedra. Peça ao cristal que o ajude a entrar em contato com a sabedoria do seu chakra do coração. Mantenha sua mente e seu coração receptivos a uma resposta, a qual pode assumir a forma de imagens, cores, sons, palavras, lembranças, emoções ou outras possíveis impressões. Lembre-se de que trabalhar com cristais implica certo hábito. Se o seu chakra do coração não se manifestar de imediato (o que é muito provável na primeira tentativa; tudo é possível, porém!), entenda que mesmo assim você está um passo mais perto de entrar em sintonia com ele. Tenha paciência e saiba que você está no caminho.

- Como alternativa, estando deitado, coloque o cristal do chakra do coração escolhido no centro do peito. Faça três respirações lentas e profundas. Absorva a energia do cristal. Como na técnica anterior, você pode sentir a energia expandindo-se no coração. Talvez você sinta uma sutil energia estática. Ou pode dar-se conta de que a energia do cristal está interagindo com a sua energia. Caso não sinta nada disso, não se preocupe! Considere repetir a afirmação sugerida no último parágrafo da seção Óleos Essenciais para fortalecer sua intenção de harmonizar-se com seu chakra do coração.

Óleos Essenciais

Rosa, gerânio, nélori, *palmarosa*, bergamota, lavanda, melissa/erva-cidreira e ilangue-ilangue são os óleos essenciais que correspondem ao chakra do coração.

Para usar um único óleo (ou uma mistura de óleos) que o ajude a se relacionar com o chakra do coração, adicione no máximo 5 ou 6 gotas de óleo essencial para uma colher de sopa de um óleo carreador (como jojoba). Caso queira misturar dois óleos essenciais, 5 ou 6 gotas de cada, considere a medida de duas colheres de sopa de óleo carreador, e assim por diante. Aplique uma pequena quantidade com um chumaço de algodão sobre a região do chakra do coração, no centro do peito.

Outra possibilidade é friccionar as mãos com uma pequena porção de óleo. A fricção libera o perfume e a energia dos óleos. Espalme as mãos para liberar a fragrância. Inale profundamente o perfume e posicione as palmas sobre a área do chakra.

Se decidir aplicar os óleos diretamente sobre o chakra do coração, ou se preferir ativar suas propriedades friccionando-os nas palmas, reserve alguns minutos para estabelecer uma relação intencional com o chakra. Diga algo como:

"Tenho neste momento a intenção de comunicar-me com o meu chakra do coração. Desejo firmemente entrar em contato comigo mesmo com amor e compaixão e estender esses sentimentos para os que me são próximos. Livro-me de todo medo que me impede de receber e dar amor. Peço sustentação na elevação da vibração do meu coração para uma vibração de alegria. Que eu possa me amar e aceitar o que sou e tenho, inclusive os meus defeitos. Assim seja".

Yoga

O chakra do coração é o centro do coração e a sede da nossa alma. A prática de yoga para abrir essa região do corpo inclui posturas que produzem torção das costas para trás, como a Postura do Camelo, e posturas que promovem a abertura do tórax, como a Postura de Torção da Coluna Sentada. A Postura da Águia é boa para o lado posterior deste chakra (a posição do braço alonga bem as escápulas). Além disso, os movimentos dos braços ajudam seu coração, seus sonhos e desejos a levantar voo. (Ver ilustrações das posturas de yoga no Apêndice A, página 146.)

Outras Sugestões

- Compre um buquê de rosas. As rosas ressoam no chakra do coração.
- Faça um chá de botões de rosas. Esses pequenos botões, que você pode comprar em lojas de ervas medicinais, lojas especializadas em chás e em muitas lojas de produtos naturais e mercados asiáticos, são, na realidade, uma erva medicinal chinesa chamada *mei gui hua*. Colocando alguns botões em uma caneca com água quente por alguns minutos, você realiza um ritual de amor por si mesmo e ingere o amor das rosas.
- Pratique o perdão – para si mesmo e para os outros.
- Entoe o mantra "YUM".
- Esteja aberto com amor e afeição genuínos para aqueles que você ama de verdade.

CHAKRA DA GARGANTA

Com o chakra da garganta em harmonia, você tem condições de dizer a sua verdade, de manifestar efetivamente suas necessidades e de se expressar. A meditação, as técnicas com cristais, as aplicações de óleos essenciais e as posturas de yoga apresentadas a seguir o ajudarão a perceber melhor o que você pode estar retendo neste chakra. Ainda mais importante: contribuirão de modo decisivo para que você entre em contato com este vórtice de energia interno, tornando-o, assim, receptivo à sabedoria que ele contém.

Meditação

Esta é uma meditação/visualização simples e de eficácia comprovada para entrar em contato com o chakra da garganta.

1. Sentado ou deitado de modo confortável, faça três respirações lentas e profundas. Ao inspirar, imagine o ar energizando a região anterior da garganta. Ao expirar, libere tudo o que possa estar retendo nessa região: medos, sofrimento e mesmo expectativas de como deve se sentir ao fazer essa meditação. Pessoalmente, mantenho as mãos sobre o coração, o que me ajuda a entrar em contato mais rapidamente com o chakra que é foco da minha atenção. Se preferir, você pode colocar uma das mãos sobre o chakra do coração e a outra sobre o chakra da garganta.

2. "Desperte" o contato com este chakra batendo de leve com a ponta dos dedos na área do "pomo de adão" ou massageando suavemente esse local com pequenos movimentos circulares feitos com os três dedos intermediários ajudados pelo polegar.

3. A cada respiração seguinte, inspirando e expirando pelo nariz, continue dirigindo o ar para o chakra da garganta. Imagine uma bola de luz azul nessa região, pulsando e avolumando-se. Se você se identifica mais com a energia masculina, gire a bola no sentido horário; se você se identifica mais com a energia feminina, gire a bola no sentido anti-horário.

4. À medida que você se entrega a um estado de serenidade cada vez mais profundo, pergunte ao seu chakra da garganta o que ele precisa neste momento. Respire um pouco mais e observe se recebe alguma mensagem. Esta pode chegar-lhe na forma de palavra, som, melodia, imagem, cor, sentimento ou intuição. Em seguida, aja de acordo com a resposta recebida. Caso nada aconteça, não se preocupe! Com o tempo e a prática continuada, as respostas começarão a aparecer.

5. Se você não tiver nenhum dos pressentimentos mencionados, mas se der conta de algo semelhante a uma sensação de abertura, ampliação ou expansão nessa região, você está entrando em contato com o seu chakra da garganta!
6. Concluída a meditação, faça três respirações lentas e profundas, direcionando a energia da inspiração para a planta dos pés, para ancorar-se. Em seguida, abra os olhos lentamente.
7. *Cuidados ao fazer esta meditação/visualização*: Como é necessário algum tempo para desenvolver esta prática, seja paciente consigo mesmo. Se começar a sentir dor no pescoço, é sinal de que está forçando demais. Interrompa a prática e retome quando se sentir mais relaxado. Além disso, saiba que mesmo praticantes experientes têm o que com muita propriedade se denomina "mente de macaco", em que pensamentos de toda ordem invadem a mente, distraindo-o por alguns instantes. Veja isso como uma oportunidade para observar o pensamento invasor sem julgar, deixe que se vá e reconduza a atenção calmamente ao seu foco.

Cristais

Turquesa, cianita azul, água-marinha, celestita, iolita, sodalita e lápis-lazúli são os cristais que ressoam com o chakra da garganta. (As ilustrações desses cristais encontram-se no Apêndice B, página 158.)

Ao usar cristais para entrar em contato com o chakra da garganta, inicialmente purifique-os das energias de pessoas que possam tê-los manuseado antes de você e expresse a intenção que o move a recorrer a eles neste momento. Você pode limpar os cristais:

- Defumando-os com sálvia branca. Acenda um bastão (ou maço) de sálvia branca, apagando-o assim que a chama se estabilizar e começar a fumegar. Exponha o cristal à fumaça por alguns segundos, definindo a intenção de usá-lo para entrar em contato com o chakra da garganta. Esse é o meu método preferido, porque depois de limpar o cristal, podemos também purificar o corpo direcionando a fumaça aos demais chakras (e a outras partes do corpo) com a mão que estiver livre.
- Deixando-os expostos à luz da lua durante a noite para absorver os raios lunares.
- Lavando-os em água corrente ou mergulhando-os em água salgada. Ao limpar com água, tenha cuidado. Pedras com baixa classificação na escala de dureza de Mohs (escala que identifica espécimes minerais e os classifica de acordo com sua resistência a "arranhões", como de unha, moeda, vidro ou outro material) podem ficar danificadas ou mesmo dissolver-se.

Depois de limpar e carregar os cristais, você pode trabalhar com eles de diversas maneiras:

- Sentado ou deitado, solte todas as tensões e relaxe. Segure o cristal na mão esquerda – a mão receptora – para que possa receber a energia de cura do cristal. Perceba o que você capta do cristal. Ele parece pulsar na sua mão? Algo como uma leve pontada? Talvez apenas uma sutil sensação da energia do cristal? Caso não sinta nada disso, tudo bem. Às vezes, é preciso tempo para entrar em sintonia com a energia de uma pedra. Peça ao cristal que o ajude a entrar em contato com a sabedoria do chakra da garganta. Mantenha a mente e o coração receptivos a uma resposta, a qual pode assumir a forma de imagens, cores, sons, palavras, lembranças, emoções ou outras possíveis impressões. Lembre-se de que trabalhar com cristais implica certo hábito. Se o chakra da garganta não se manifestar de imediato (o que é muito provável na primeira tentativa; tudo é possível, porém!), entenda que mesmo assim você está um passo mais perto de entrar em sintonia com ele. Tenha paciência e saiba que você está no caminho.

- Como alternativa, estando deitado, coloque o cristal do chakra da garganta escolhido sobre a pequena depressão abaixo do pomo de adão. Faça três respirações lentas e profundas. Absorva a energia do cristal. Como na técnica anterior, você pode sentir o pulsar da energia que ocupa essa região, como um leve batimento cardíaco. Talvez você sinta uma sutil energia estática. Ou pode dar-se conta de que a energia do cristal está interagindo com sua energia. Caso não sinta nada disso, não se preocupe! Considere repetir a afirmação sugerida no último parágrafo da seção Óleos Essenciais para fortalecer sua intenção de harmonizar-se com o chakra da garganta.

Óleos Essenciais

Lavanda, alecrim, olíbano, camomila alemã e hissopo são os óleos essenciais que correspondem ao chakra da garganta.

Para usar um único óleo (ou uma mistura de óleos) que o ajude a se relacionar com o chakra da garganta, adicione no máximo 5 ou 6 gotas de óleo essencial para uma colher de sopa de um óleo carreador (como jojoba). Caso queira misturar dois óleos essenciais, 5 ou 6 gotas de cada, considere a medida de duas colheres de sopa de óleo carreador, e assim por diante. Aplique uma pequena quantidade com um chumaço de algodão na base da garganta.

Outra possibilidade é friccionar as mãos com uma pequena porção de óleo. A fricção libera o perfume e a energia dos óleos. Espalme as mãos para liberar a fragrância e inale profundamente o perfume.

Se decidir aplicar os óleos diretamente sobre o chakra da garganta, ou se preferir ativar suas propriedades friccionando-os nas palmas, reserve alguns minutos para estabelecer uma relação intencional com o chakra. Diga algo como:

"Tenho neste momento a intenção de comunicar-me com o meu chakra da garganta. Que eu possa entrar em contato com a minha vontade de viver e possa dizer a minha verdade neste mundo de forma autêntica, criativa e fácil. Livro-me de todo medo que me impede de ouvir a minha voz interior. Peço sustentação em todas as formas de expressão pessoal para que eu possa comunicar as minhas necessidades sem esforço e confiar que serei ouvido. Assim seja".

Yoga

O chakra da garganta tem relação com a expressão da sua verdade, e para isso a flexibilidade do pescoço favorece a fluência. A maioria das posturas tem um ponto focal específico (também conhecido como *drishti*) para os olhos – a cabeça segue os olhos e o corpo segue a cabeça. O pescoço precisa estar flexível para que a cabeça gire. Excelentes posições de yoga para isso são a Postura do Guerreiro II, Postura do Camelo, Postura da Ponte, Postura do Triângulo, Postura Estendida em Ângulo Lateral, Parada de Ombros e Postura do Arado. As posturas de torção também são proveitosas para o chakra da garganta. (Ver ilustrações das posturas de yoga no Apêndice A, página 146.)

Outras Sugestões

- Diga o que você precisa ou deve dizer e seja coerente com o que diz.
- Cante, cantarole, declame, recite, leia em voz alta.
- Entoe este mantra para o chakra da garganta: "HUM."
- Use a cor azul-claro.
- Beba chás que aliviam a garganta, como hortelã-pimenta, casca de olmo-americano e hortelã.

CHAKRA DO TERCEIRO OLHO

Com o chakra do terceiro olho em harmonia, você tem condições de confiar na sua intuição e visão interior. A meditação, as técnicas com cristais, as aplicações de óleos essenciais e as posturas de yoga apresentadas a seguir o ajudarão a perceber o que você pode estar retendo neste chakra. Ainda mais importante: contribuirão de modo decisivo para que você entre em contato com este vórtice de energia interno, tornando-o, assim, receptivo à sabedoria que ele contém.

Para aumentar seu vínculo com o chakra do terceiro olho, beba água livre de flúor. O flúor calcifica a glândula pineal, que está relacionada ao terceiro olho. Um bom filtro purificador de água é muito benéfico para esse propósito.

Meditação

Esta é uma meditação/visualização simples e de eficácia comprovada para entrar em contato com o chakra do terceiro olho:

1. Sentado ou deitado de modo confortável, faça três respirações lentas e profundas. Ao inspirar, imagine o ar energizando a área entre as sobrancelhas. Ao expirar, libere tudo o que possa estar retendo nessa região: medos, sofrimento e mesmo expectativas de como deve se sentir ao fazer esta meditação. Pessoalmente, mantenho as mãos sobre o coração, o que me ajuda a entrar em contato mais rapidamente com o chakra que é foco da minha atenção. Se preferir, você pode colocar uma das mãos sobre o chakra do coração e a outra sobre a região entre as sobrancelhas.
2. "Desperte" o contato com este chakra batendo de leve com a ponta dos dedos entre as sobrancelhas ou massageando suavemente esse ponto com pequenos movimentos circulares feitos com os três dedos intermediários ajudados pelo polegar.
3. A cada respiração seguinte, inspirando e expirando pelo nariz, continue dirigindo o ar para o chakra do terceiro olho. Imagine uma bola de luz índigo nessa região, pulsando e avolumando-se. Se você se identifica mais com a energia masculina, gire a bola no sentido anti-horário; se você se identifica mais com a energia feminina, gire a bola no sentido horário.
4. À medida que você se entrega a um estado de serenidade cada vez mais profundo, pergunte ao seu chakra do terceiro olho o que ele precisa neste momento. Respire um pouco mais e observe se recebe alguma resposta. Esta pode chegar-lhe na forma de palavra, som, melodia, imagem, cor, sentimento ou intuição. Em seguida, aja de acordo com a resposta recebida. Caso nada aconteça, não se preocupe! Com o tempo e a prática continuada, as respostas começarão a aparecer.

5. Se você não tiver nenhum dos pressentimentos mencionados, mas se der conta de algo semelhante a uma pulsação ou leve compressão como de um dedo polegar pressionando essa área da testa, você está entrando em contato com o seu chakra do terceiro olho!
6. Concluída a meditação, faça três respirações lentas e profundas, direcionando a energia da inspiração para a planta dos pés, para ancorar-se. Em seguida, abra os olhos lentamente.
7. *Cuidados ao fazer esta meditação/visualização*: Como é necessário algum tempo para desenvolver esta prática, seja paciente consigo mesmo. Se começar a sentir dor na região da testa, é sinal de que está forçando demais. Interrompa a prática e retome quando se sentir mais relaxado. Além disso, saiba que mesmo praticantes experientes têm o que com muita propriedade se denomina "mente de macaco", em que pensamentos de toda ordem invadem a mente, distraindo-o por alguns instantes. Veja isso como uma oportunidade para observar o pensamento invasor sem julgar, deixe que se vá e reconduza a atenção calmamente ao seu foco.

Cristais

Lápis-lazúli, ametista, fluorita, lepidolita, sugilita, tanzanita, quartzo transparente, safira-estrela e cianita são os cristais que ressoam com o chakra do terceiro olho. (As ilustrações desses cristais encontram-se em Apêndice B, página 158.)

Ao usar cristais para entrar em contato com o chakra do terceiro olho, inicialmente purifique-os das energias de pessoas que possam tê-los manuseado antes de você e expresse a intenção que o move a recorrer a eles neste momento. Você pode limpar os cristais:

- Defumando-os com sálvia branca. Acenda um bastão (ou maço) de sálvia branca, apagando-o assim que a chama se estabilizar e começar a fumegar. Exponha o cristal à fumaça por alguns segundos, definindo a intenção de usá-lo para entrar em contato com o chakra do terceiro olho. Esse é o meu método preferido, porque depois de limpar o cristal, podemos também purificar o corpo direcionando a fumaça aos demais chakras (e a outras partes do corpo) com a mão que estiver livre.

- Deixando-os expostos à luz da lua durante a noite para absorver os raios lunares.

- Lavando-os em água corrente ou mergulhando-os em água salgada. Ao limpar com água, tenha cuidado. Pedras com baixa classificação na escala de dureza de Mohs (escala que identifica espécimes minerais e os classifica de acordo com sua resistência a "arranhões", como de unha, moeda, vidro ou outro material) podem ficar danificadas ou mesmo dissolver-se.

Depois de limpar e carregar os cristais, você pode trabalhar com eles de diversas maneiras:

- Sentado ou deitado, solte todas as tensões e relaxe. Segure o cristal na mão esquerda – a mão receptora – para que possa receber a energia de cura do cristal. Perceba o que você capta do cristal. Ele parece pulsar na sua mão? Algo como uma leve pontada? Talvez apenas uma sutil sensação da energia do cristal? Caso não sinta nada disso, tudo bem. Às vezes, é preciso tempo para entrar em sintonia com a energia de uma pedra. Peça ao cristal que o ajude a entrar em contato com a sabedoria do chakra do terceiro olho. Mantenha a mente e o coração receptivos a uma resposta, a qual pode assumir a forma de imagens, cores, sons, palavras, lembranças, emoções ou outras possíveis impressões. Lembre-se de que trabalhar com cristais implica certo hábito. Se o chakra do terceiro olho não se manifestar de imediato (o que é muito provável na primeira tentativa; tudo é possível, porém!), entenda que mesmo assim você está um passo mais perto de entrar em sintonia com ele. Tenha paciência e saiba que você está no caminho.

- Como alternativa, estando deitado, coloque o cristal do chakra do terceiro olho escolhido entre as sobrancelhas. Faça três respirações lentas e profundas, absorvendo a energia do cristal. Como na técnica anterior, você pode sentir o pulsar da energia entre as sobrancelhas, como um leve batimento cardíaco. Talvez você sinta uma sutil energia estática. Ou pode dar-se conta de que a energia do cristal está interagindo com sua energia. Caso não sinta nada disso, não se preocupe! Considere repetir a afirmação sugerida no último parágrafo da seção Óleos Essenciais para fortalecer sua intenção de harmonizar-se com o chakra do terceiro olho.

Óleos Essenciais

Lavanda, olíbano e sândalo são os óleos essenciais que correspondem ao chakra do terceiro olho.

Para usar um único óleo (ou uma mistura de óleos) que o ajude a se relacionar com o chakra do terceiro olho, adicione no máximo 5 ou 6 gotas de óleo essencial para uma colher de sopa de um óleo carreador (como jojoba). Caso queira misturar dois óleos essenciais, 5 ou 6 gotas de cada, considere a medida de duas colheres de sopa de óleo carreador, e assim por diante. Aplique uma pequena quantidade com um chumaço de algodão na área entre as sobrancelhas.

Outra possibilidade é friccionar as mãos com uma pequena porção de óleo. A fricção libera o perfume e a energia dos óleos. Espalme as mãos para liberar a fragrância e inale profundamente o aroma.

Se decidir aplicar os óleos diretamente sobre o chakra do terceiro olho, ou se preferir ativar suas propriedades friccionando-os nas palmas, reserve alguns minutos para estabelecer uma relação intencional com o chakra. Diga algo como:

"Tenho neste momento a intenção de comunicar-me com o meu chakra do terceiro olho. Livro-me de todo medo que me impede de confiar em minha intuição. Que eu tenha forças para confiar nela e segui-la, e ver além do que está fisicamente à minha frente, de modo a descortinar todas as possibilidades com facilidade. Que eu possa integrar sem esforço a minha visão interior com todos os aspectos da minha vida e me relacionar com a inteligência emocional do meu terceiro olho. Assim seja".

Yoga

Para o chakra do terceiro olho, o objetivo é ver as coisas de todas as perspectivas – de todas as posturas de cabeça para cima, de cabeça para baixo, torcidas ou com os olhos fechados. Use uma venda ao realizar algumas posturas para sentir *pratyahara*: abstração ou recolhimento dos sentidos, ou, ainda, controle absoluto de todos os sentidos. Isso ajuda a direcionar sua visão para as dimensões mais profundas de você mesmo, o que favorece este chakra. Além disso, Flexões para a Frente com Apoio (com o uso de uma almofada ou cobertor) ajudam a pressionar e estimular este chakra. (Ver ilustrações das posturas de yoga no Apêndice A, página 146.)

Outras Sugestões

- Ao ter um pressentimento, aja de acordo com ele, fortalecendo, assim, sua intuição.
- Entoe o mantra: "SHAM".
- Expresse a intenção de comunicar-se com sua intuição.
- Acrescente as cores azul-escuro e índigo ao seu guarda-roupa.
- Inclua em seu cardápio alimentos como groselha preta, mirtilo, amoras, berinjela, ameixas secas, beterraba e acelga.
- Elimine o flúor da água que costuma beber adotando um sistema purificador, pois o flúor calcifica a glândula pineal que está diretamente ligada ao chakra do terceiro olho.

CHAKRA DA COROA

Com o chakra da coroa em harmonia, temos condições mais favoráveis para entrar em sintonia com o nosso Divino Interior, em particular, e com a Divindade, de modo mais geral. A meditação, as técnicas com cristais, as aplicações de óleos essenciais e as posturas de yoga apresentadas a seguir o ajudarão a perceber melhor o que você pode estar retendo neste chakra. Ainda mais importante: contribuirão de modo decisivo para que você entre em contato com este vórtice de energia interno, tornando-o, assim, receptivo à sabedoria que ele contém.

Meditação

Esta é uma meditação/visualização simples e de eficácia comprovada para entrar em contato com o chakra da coroa.

1. Sentado ou deitado de modo confortável, faça três respirações lentas e profundas. Ao inspirar, imagine o ar energizando o topo da sua cabeça. Ao expirar, libere tudo o que possa estar retendo nessa região: medos, sofrimento e mesmo expectativas de como deve se sentir ao fazer essa meditação. Pessoalmente, mantenho as mãos sobre o coração enquanto medito, o que me ajuda a entrar em contato mais rapidamente com o chakra que é foco da minha atenção. Se preferir, você pode colocar uma das mãos sobre o chakra do coração e a outra no topo da cabeça.

2. "Desperte" o contato com este chakra batendo de leve com a ponta dos dedos no alto da cabeça ou massageando suavemente essa região com pequenos movimentos circulares feitos com os três dedos intermediários apoiados pelo polegar.

3. A cada respiração seguinte, inspirando e expirando pelo nariz, continue dirigindo o ar para o chakra da coroa. Imagine uma bola de luz púrpura (ou branca, ou também dourada) nessa região, pulsando e avolumando-se. Se você se identifica mais com a energia masculina, gire a bola no sentido horário; se você se identifica mais com a energia feminina, gire a bola no sentido anti-horário.

4. À medida que você se entrega a um estado de serenidade cada vez mais profundo, pergunte ao seu chakra da coroa o que ele precisa neste momento. Respire um pouco mais e observe se recebe alguma resposta. Esta pode chegar-lhe na forma de palavra, som, melodia, imagem, cor, sentimento ou intuição. Em seguida, aja de acordo com a resposta recebida. Caso nada aconteça, não se preocupe! Com o tempo e a prática continuada, as respostas começarão a aparecer.

5. Se não tiver nenhum dos pressentimentos mencionados, mas perceber uma espécie de pulsação ou uma leve sensibilidade que parece estar interagindo com o espaço imediato acima da sua cabeça (ou mesmo muito acima), você está em contato com o seu chakra da coroa!
6. Concluída a meditação, faça três respirações lentas e profundas, direcionando a energia da inspiração para a planta dos pés, para ancorar-se. Em seguida, abra os olhos lentamente.
7. *Cuidados ao fazer esta meditação/visualização*: Como é necessário algum tempo para desenvolver esta prática, seja paciente consigo mesmo. Se começar a sentir dor de cabeça, de modo especial no alto, é sinal de que está forçando demais. Interrompa a prática e retome quando se sentir mais relaxado. Além disso, saiba que mesmo praticantes experientes têm o que com muita propriedade se denomina "mente de macaco", em que pensamentos de toda ordem invadem a mente, distraindo-o por alguns instantes. Veja isso como uma oportunidade para observar o pensamento invasor sem julgar, deixe que se vá e reconduza a atenção calmamente ao seu foco.

Cristais

Ametista, quartzo transparente, diamante Herkimer, labradorita, pedra da lua, selenita, fenacita, kunzita, apofilita e topázio branco são os cristais que ressoam com o chakra da coroa. (As ilustrações desses cristais encontram-se no Apêndice B, página 158.)

Ao usar cristais para entrar em contato com o chakra da coroa, inicialmente purifique-os das energias de pessoas que possam tê-los manuseado antes de você e expresse a intenção que o move a recorrer a eles neste momento. Você pode limpar os cristais:

- Defumando-os com sálvia branca. Acenda um bastão (ou maço) de sálvia branca, apagando-o assim que a chama se estabilizar e começar a fumegar. Exponha o cristal à fumaça por alguns segundos, definindo a intenção de usá-lo para entrar em contato com o chakra da coroa. Esse é o meu método preferido, porque depois de limpar o cristal, podemos também purificar o corpo direcionando a fumaça aos demais chakras (e a outras partes do corpo) com a mão que estiver livre.
- Deixando-os expostos à luz da lua durante a noite para absorver os raios lunares.
- Lavando-os em água corrente ou mergulhando-os em água salgada. Ao limpar com água, tenha cuidado. Pedras com baixa classificação na escala de dureza de Mohs (escala que identifica espécimes minerais e os classifica de acordo com sua resistência a "arranhões", como de unha, moeda, vidro ou outro material) podem ficar danificadas ou mesmo dissolver-se.

Depois de limpar e carregar os cristais, você pode trabalhar com eles de diversas maneiras:

- Sentado ou deitado, solte todas as tensões e relaxe. Segure o cristal na mão esquerda – a mão receptora – para que possa receber a energia de cura do cristal. Perceba o que você capta do cristal. Ele parece pulsar na sua mão? Algo como uma leve pontada? Talvez apenas uma sutil sensação da energia do cristal? Caso não sinta nada disso, tudo bem. Às vezes, é preciso tempo para entrar em sintonia com a energia de uma pedra. Peça ao cristal que o ajude a entrar em contato com a sabedoria do chakra da coroa. Mantenha a mente e o coração receptivos a uma resposta, a qual pode assumir a forma de imagens, cores, sons, palavras, lembranças, emoções ou outras possíveis impressões. Lembre-se de que trabalhar com cristais implica certo hábito. Se o chakra da coroa não se manifestar de imediato (o que é muito provável na primeira tentativa; tudo é possível, porém!), entenda que mesmo assim você está um pouco mais perto de entrar em sintonia com ele. Tenha paciência e saiba que você está no caminho.

- Como alternativa, estando deitado, coloque o cristal do chakra da coroa escolhido no topo da cabeça. Faça três respirações lentas e profundas, absorvendo a energia do cristal. Como na técnica anterior, você pode sentir o pulsar da energia no alto da cabeça, como um leve batimento cardíaco. Talvez você sinta uma sutil energia estática. Ou pode dar-se conta de que a energia do cristal está interagindo com sua energia. Caso não sinta nada disso, não se preocupe! Considere repetir a afirmação sugerida no último parágrafo da seção Óleos Essenciais para fortalecer sua intenção de harmonizar-se com o chakra da coroa.

Óleos Essenciais

Olíbano, hortelã-pimenta, sândalo e lótus são os óleos essenciais que correspondem ao chakra da coroa.

Para usar um único óleo (ou uma mistura de óleos) que o ajude a se relacionar com o chakra da coroa, adicione no máximo 5 ou 6 gotas de óleo essencial para uma colher de sopa de um óleo carreador (como jojoba). Caso queira misturar dois óleos essenciais, 5 ou 6 gotas de cada, considere a medida de duas colheres de sopa de óleo carreador, e assim por diante. Aplique uma pequena quantidade com um chumaço de algodão no topo da cabeça.

Outra possibilidade é friccionar as mãos com uma pequena porção de óleo. A fricção libera o perfume e a energia dos óleos. Espalme as mãos para liberar a fragrância e inale profundamente o aroma.

Se decidir aplicar os óleos diretamente o chakra da coroa, ou se preferir ativar suas propriedades friccionando-os nas palmas, reserve alguns minutos para estabelecer uma relação intencional com o chakra. Diga algo como:

"Tenho neste momento a intenção de comunicar-me com meu chakra da coroa. Que eu possa compreender que sou um reflexo do(a) Divino/Fonte/Universo/Deus(a). Livro-me de todo medo que me impede de confiar no meu caminho. Peço ajuda para expandir a minha consciência, podendo, assim, viver no conhecimento da Unidade e confiar que a minha vida se desenvolve exatamente como deve. Assim seja".

Yoga

Para desenvolver o chakra da coroa com yoga, as posturas invertidas (de cabeça para baixo) são ótimas para aumentar o fluxo sanguíneo para a cabeça, o que o prepara para receber informações do Divino. Como essas posturas são consideradas yoga avançado e apresentam um risco maior de lesões, por exemplo, a Parada de Cabeça e a Parada de Ombros, não são apropriadas para iniciantes ou para pessoas com alguma lesão no pescoço. Elas só devem ser realizadas com a orientação e auxílio de um professor de yoga experiente. A meditação também é recomendada como prática yogue para ajudar a equilibrar este chakra. (Ver ilustrações das posturas de yoga no Apêndice A, página 146.)

Outras Sugestões

- Pratique a gratidão.
- Exercite alguma modalidade de meditação.
- Entoe o mantra "OM".
- Use roupas de cor púrpura ou branca.
- Alimente a intenção de estar em contato com seu chakra da coroa, o Divino dentro de você, e com o(a) Divino/Fonte/Universo/Deus(a).

TRATAMENTO DE MÚLTIPLOS CHAKRAS

Tudo está interligado, e o nosso sistema de chakras não é exceção. Desse modo, o desequilíbrio de um chakra pode ter repercussões negativas sobre os demais.

Por exemplo, uma das minhas pacientes, a Sra. M., procurou-me inicialmente para tratar sua displasia cervical. Durante a infância e mesmo na idade adulta, os pais dela eram racional e emocionalmente inacessíveis. O pai, em especial, estava sempre ausente. Pelo modo como ele falava com a filha, ela só tinha valor se fosse atraente, o que a fazia sentir vergonha do seu corpo de adolescente. Em um esforço para atrair a atenção e aprovação do pai e também para evitar sofrimentos maiores, ela desenvolveu um distúrbio alimentar de controle do peso, começou a abusar de substâncias nocivas e passou a adotar comportamentos prejudiciais à saúde.

A experiência da Sra. M. com a desarmonia do chakra da raiz – uma experiência que começou com o sentimento de que a família não a aceitava como ela era – acabou afetando seu centro de poder, o chakra do plexo solar. Ela se sentia atingida em sua autoestima e autoconfiança, que procurava controlar com a bulimia.

Não por coincidência, ela deixou de confiar em sua intuição, seu chakra do terceiro olho, e, inconscientemente, emudeceu seu chakra da garganta. Sentimentos fortes de vergonha ocupavam seu chakra do plexo sacral. Ela estava se esforçando para recuperar seu relacionamento consigo mesma, com suas emoções e com seu corpo, e adotar hábitos mais saudáveis. Embora fosse necessário tratar diversos chakras e sua jornada de cura às vezes a deixasse hesitante e vulnerável, sua dedicação ao crescimento pessoal se manteve sempre inabalável.

Seu foco na autoestima a ajudou a se curar e crescer exponencialmente. Sem dúvida, tratamentos de Reiki durante as sessões, trabalhos com cristais e com óleos essenciais e mudanças de paradigmas também contribuíram de modo substancial! A experiência da Sra. M. nos ensina que nossa jornada de cura, em geral, é longa. À medida que removemos as camadas da nossa complexidade, à semelhança de uma cebola, outras camadas mais profundas se revelam.

Embora o tratamento simultâneo de vários chakras possa levar algum tempo, ele é possível. Na sequência, algumas orientações sobre o trabalho com cristais, com a respiração, visualizações, óleos essenciais e yoga para tratar vários chakras.

Meditação

Deite-se e relaxe. Inspire lentamente, direcionando o ar para o chakra da raiz; exale a energia do chakra lentamente pela boca. Faça este exercício respiratório três vezes; ao expirar libere tudo o que você possa estar armazenando nele. Durante o exercício, você pode posicionar as mãos na região inferior dos quadris. Tome consciência de possíveis emoções que vierem à tona e talvez de alguma perturbação física. Apenas observe o que você sente nesse chakra. Em seguida, visualize uma bola de luz vermelha nesse chakra – girando, rodopiando, pulsando. Imagine-a avolumando-se e se tornando mais vibrante, irradiando luz curativa para o chakra da raiz. Observe se o que você sentiu no início mudou depois das respirações e visualizações.

Repita o mesmo procedimento para todos os chakras, lembrando-se da localização e da cor correspondente de cada um, até terminar no chakra da coroa.

Cristais

Caso tenha cristais à mão, você pode transformar o exercício anterior em um "banho de cristais": coloque o cristal correspondente sobre cada respectivo chakra e em seguida faça os exercícios de respiração.

Além do "banho de cristais", você pode tratar diversos chakras com um único cristal. A selenita é excelente para isso – ela limpa os resíduos do corpo energético e ajuda a remover a estagnação, permitindo que você se comunique mais claramente com seu Eu Superior. (As ilustrações dos cristais encontram-se no Apêndice B, página 158.)

Entre as muitas formas da selenita, prefira a de bastão, que facilita o tratamento de vários chakras. Posicione-a na linha central do corpo, no ponto que considerar mais apropriado. Ou, para um bom posicionamento básico, coloque o cristal na linha central do corpo, tocando o chakra do coração, o chakra do plexo solar e, se for longo o suficiente, o chakra do plexo sacral. Aplicando o bastão de selenita desse modo, você cria um alinhamento energético dos chakras, inclusive daqueles com que a selenita não tem contato direto.

Óleos essenciais

Ao usar óleos essenciais para tratar vários chakras, unte cada chakra com um ou mais óleos. Comece no chakra da raiz e prossiga até o chakra da coroa. Se quiser tratar chakras específicos ao mesmo tempo, unte apenas esses. Você também pode tratar vários chakras com uma mistura de óleos essenciais. Seja qual for a sua decisão, lembre-se sempre de usar um óleo carreador para evitar irritações na pele.

Yoga

Como o objetivo do yoga é associar a respiração à consciência corporal e ao movimento, uma única sessão pode tratar vários chakras ao mesmo tempo, dependendo do estilo. Direcionar a respiração para todas as partes do corpo enquanto o leva a assumir posturas específicas favorece a abertura simultânea de vários centros de energia. (Ver ilustrações das posturas de yoga no Apêndice A, página 146.)

Apêndice A

POSTURAS DE YOGA

● ● ● ● ● ● ●

As posturas de yoga a seguir são apropriadas para equilibrar os chakras. Quando uma postura envolve apenas um lado do corpo, pratique-a também no lado oposto para manter a simetria e o equilíbrio.

PARADA DE CABEÇA

* Não faça esta postura se tiver problemas no pescoço ou nos ombros

Entrelace as mãos, com a almofada das palmas pressionando-se. Apoie o topo da cabeça no chão entre o "V" dos antebraços. Erga os pés em direção à cabeça. Envolva os músculos abdominais e do assoalho pélvico para levantar as pernas para o alto. Equilibre o peso do corpo principalmente nos antebraços e menos na cabeça e no pescoço.

PARADA DE OMBROS

* Não faça esta postura se tiver problemas no pescoço

Sentado no chão, contraia o umbigo e role sobre as costas. Erga as pernas e o tronco, pés apontando para o alto. Apoie a região lombar com as mãos ou estenda os braços na lateral do corpo.

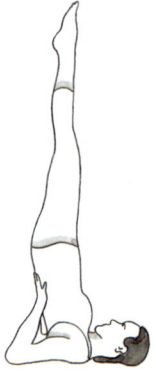

POSTURA DA CABEÇA NO JOELHO

Sente-se no chão com as pernas estendidas à frente e com as costas e as pernas formando um ângulo de 90 graus. Leve o pé esquerdo na direção da virilha, encostando-o na parte interna da coxa e soltando o joelho. Flexione-se para a frente sobre a perna direita estendida, procurando alcançar e segurar o pé ou o tornozelo com ambas as mãos.

POSTURA DA ÁGUIA

Comece na Postura da Cadeira. Enlace duas vezes os braços e as pernas. Endireite a coluna, apoiando-se sobre os joelhos. Leve os ombros e os quadris para a frente. Opção para ombros rígidos: abrace-se. Opção para quadris rígidos: enlace as pernas uma vez, mas tendendo a enlaçá-las duas vezes.

POSTURA DA ÁRVORE

Em pé, transfira todo o peso para o pé esquerdo. Levante a perna direita e apoie o pé no alto da face interna da coxa esquerda, na região da virilha, com os dedos apontando para baixo. Coloque as mãos em posição de oração no centro do peito ou leve os braços para o alto, podendo mantê-los paralelos ou então juntando as mãos.

POSTURA DA CADEIRA

Fique de pé, com os pés juntos e o peso distribuído entre os calcanhares. Leve os quadris para baixo, como se fosse sentar, e levante os braços na vertical, mantendo a coluna neutra.

POSTURA DA CRIANÇA

Assuma a Postura da Mesa. Apoie os quadris sobre os calcanhares. Estenda os braços na direção dos pés, ao longo do corpo, com as palmas voltadas para cima. Descanse a cabeça no chão e relaxe.

POSTURA DA CRIANÇA COM APOIO

Posicione almofadas ou travesseiros debaixo do corpo para aumentar o conforto da Postura da Criança. Descanse e relaxe.

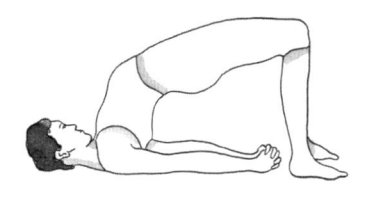

POSTURA DA PONTE

Deitado de costas, com os joelhos flexionados e os pés paralelos e separados na largura dos quadris, trabalhe os músculos do assoalho pélvico e o abdômen. Aproxime os calcanhares dos glúteos, pés bem fixos no chão. Levante os quadris. Opção: entrelace as mãos embaixo do corpo para abrir o(s) peito/ombros.

POSTURA DA VACA

Assuma a Postura da Mesa. Arqueie as costas, elevando a parte superior do tronco e a cabeça. O olhar e o topo da cabeça ficam voltados para o alto.

POSTURA DE CARA-DE-VACA

Sente-se ereto, cruzando as pernas, joelho esquerdo sobre o direito e os quadris ligeiramente virados para a esquerda. Os ossos ísquios (os que tocam a superfície ao sentar) ficam fixos ao chão. Leve a mão direita para as costas, dobrando o braço sobre o ombro. Leve a mão esquerda para as costas e para cima, dobrando o cotovelo na altura do quadril. Procure juntar as mãos. Opção para ombros rígidos: use uma toalha ou cinta de yoga para aproximar as mãos.

POSTURA DE TORÇÃO DA COLUNA SENTADA

Comece sentado no chão, com as pernas esticadas à frente, o tronco e as pernas formando um ângulo de 90 graus. Cruze a perna direita sobre a esquerda, colocando o pé firme no chão perto do joelho esquerdo. Opção: flexione o joelho esquerdo de modo que o pé fique perto do quadril direito. Dobre o braço esquerdo para cima, apoiando-o sobre o joelho direito flexionado. Opção: pressione o cotovelo esquerdo contra a parte externa do joelho. Torça o tronco e olhe por cima e para além do ombro direito. Inspire para erguer e alongar a coluna e expire para efetuar uma torção mais intensa.

POSTURA DO ARADO

* Não faça esta postura caso tenha problemas no pescoço

Deite-se de costas com pernas e pés unidos. Coloque os braços ao longo do corpo com as palmas voltadas para baixo. Use os músculos abdominais para levantar as pernas em um movimento vertical, mantendo-as estendidas e juntas. Deixe as pernas passar por cima da cabeça e toque o chão com os dedos dos pés.

POSTURA DO BARCO

Comece sentado, com os joelhos flexionados e juntos, pés apoiados no chão. Incline o tronco ligeiramente para trás, mantendo a coluna ereta e o peito erguido. Estique as pernas, elevando-as até o nível aproximado da cabeça, braços esticados à frente.

POSTURA DO BASTÃO EM QUATRO APOIOS

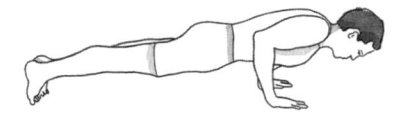

* **Requer estabilidade dos ombros e muita força abdominal**

A partir da Postura da Mesa, desloque o peso de modo que os ombros fiquem ligeiramente à frente dos pulsos. Flexione os cotovelos em 90 graus e pressione os braços contra o corpo (sempre mantendo os braços alinhados com o corpo). Os antebraços devem ficar perpendiculares ao solo e o tórax, bem aberto. Envolva os músculos abdominais para manter o corpo alinhado.

POSTURA DO BEBÊ FELIZ

Deitado de costas, flexione os joelhos com as pernas para cima; com as mãos, segure os pés pela lateral externa. Aproxime os joelhos e o cóccix do chão. A planta dos pés ficam viradas para cima, e as pernas perpendiculares ao chão. Opção: balance de um lado para o outro como um bebê.

POSTURA DO CACHORRO OLHANDO PARA BAIXO

Comece na Postura da Mesa. Firme os dedos das mãos e dos pés e leve os quadris e os glúteos em direção ao alto. Solte os ombros e a cabeça, leve o peito em direção às coxas e encolha o umbigo. Estique as pernas e os calcanhares. Sinta as tensões formadas pelas forças em oposição.

POSTURA DO CADÁVER COM APOIO

Use qualquer combinação de almofadas, travesseiros, sacos de areia ou cobertores para aumentar o conforto da Postura do Cadáver – debaixo dos joelhos, da região lombar, dos pulsos e da cabeça, ou sobre a barriga, os olhos ou a palma das mãos. Cubra-se com um cobertor para maior aquecimento. Crie uma atmosfera aconchegante para relaxar e descansar intensamente.

POSTURA DO CAMELO

Comece ajoelhado, com os joelhos separados na largura dos quadris. Apoie as palmas na região lombar. Curve-se lentamente para trás. À medida que o tronco se inclina, vá soltando os braços até apoiar as mãos nos calcanhares, se o corpo permitir. Solte a cabeça para trás e olhe para o alto.

POSTURA DO GATO

Comece na Postura da Mesa, com as mãos embaixo dos ombros e os joelhos embaixo dos quadris. Curve a coluna para cima, soltando o queixo e o cóccix. Encolha o umbigo em direção à coluna.

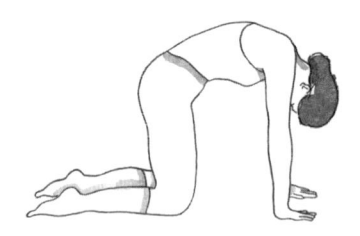

POSTURA DO GUERREIRO I

Comece de pé, com os pés juntos, pernas e coluna alinhadas (Postura da Montanha – *Tadasana*). Leve o pé direito para trás, em um passo grande, e firme-o no chão com os dedos virados para fora em torno de 45 graus. Flexione o joelho esquerdo, formando um ângulo de 90 graus. Leve os ombros e os quadris para a frente. Levante os braços, mantendo as palmas unidas no alto e olhando para elas. Mantenha o tronco reto e relaxado.

POSTURA DO GUERREIRO II

De pé, dê um grande passo atrás com o pé direito, posicionando-o em um ângulo de 90 graus. Firme o pé esquerdo no chão, mantendo o joelho em um ângulo de 90 graus. Estenda bem os braços, alinhados com as pernas, e olhe para o dedo médio da mão esquerda, mantendo a coluna ereta.

POSTURA DO MEIO BARCO

A partir da Postura do Barco, apenas baixe o tronco e as pernas, mantendo-os a alguns centímetros do chão. Contraia a região do abdômen para sustentar a postura.

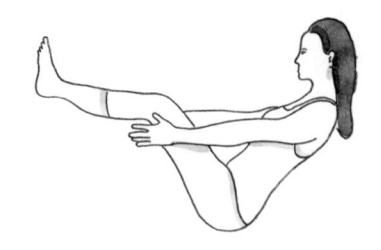

POSTURA DO POMBO

A partir da Postura da Mesa, flexione o joelho direito e leve a perna para uma posição logo trás das mãos. Mantenha a perna esquerda totalmente esticada, o tronco ereto e os braços estendidos para a frente, mãos apoiadas no chão.

POSTURA DO TRIÂNGULO

Comece em pé, com os pés paralelos e afastados em torno de um metro de distância. Gire o pé direito 90 graus. Levante os braços na altura dos ombros e flexione o tronco para a direita, apoiando a mão direita no dorso do pé direito ou no chão. Estique o braço esquerdo em direção ao alto, em linha reta com o direito. O quadril esquerdo fica sobreposto ao direito.

POSTURA EM ÂNGULO ABERTO

Comece sentado. Abra bem as pernas, com os dedos dos pés apontando para cima. Mantenha a coluna erguida e alongada. Incline-se para a frente entre as pernas. Descanse sobre os antebraços ou no chão, com os braços estendidos.

POSTURA EM ÂNGULO FECHADO

Sentado, junte a planta dos pés, flexionando os joelhos e deixando-os pender para os lados. Coloque as mãos debaixo dos pés, ajudando a manter as plantas unidas. Com a coluna reta, expire e incline o tronco para a frente em direção aos pés.

POSTURA EM PÉ COM FLEXÃO PARA A FRENTE

Comece em pé, com os pés juntos ou na largura do quadril. Flexione para a frente a partir da articulação do quadril, mantendo a coluna alongada. Coloque as mãos estendidas no chão ou atrás dos tornozelos para aprofundar a postura.

POSTURA ESTENDIDA EM ÂNGULO LATERAL

A partir do Guerreiro II à esquerda, solte a mão esquerda ao longo da perna. Estenda o braço direito sobre a orelha, com a palma voltada para baixo. Olhe para a mão do braço estendido, se possível.

POSTURA RECLINADA EM ÂNGULO FECHADO

Deitado de costas, flexione os joelhos, junte a planta dos pés e deixe os joelhos soltos no chão, apontando para fora. Se os joelhos não conseguirem tocar o chão, use travesseiros ou almofadas para apoiá-los. Os braços podem descansar sobre o abdômen ou ficar estendidos ao lado do corpo.

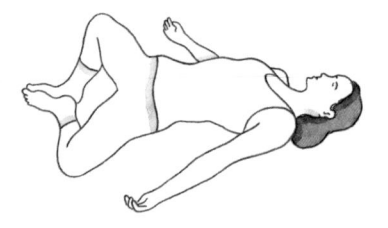

POSTURA SENTADA COM FLEXÃO PARA A FRENTE COM APOIO

Comece sentado, com os braços estendidos ao longo do corpo e a palma das mãos no chão. Estique as pernas à frente, com os dedos dos pés apontando para o alto. Flexione o tronco para a frente, apoiando-o sobre um travesseiro ou uma almofada grande e relaxando toda a parte superior do corpo.

SAUDAÇÃO AO SOL

De pé, ereto, una as mãos diante do peito. Inspirando, erga os braços e incline-se para trás. Flexione-se para a frente, procurando tocar a parte de trás dos tornozelos com as mãos. Estenda a perna direita para trás e flexione a esquerda à frente. Expire e coloque-se na Postura da Prancha – com os joelhos, peito e queixo próximos ao chão. Inspire e passe para a Postura da Cobra ou do Cachorro Olhando para Cima. Expire e volte-se para a Postura do Cachorro Olhando para Baixo. Permaneça nessa postura por até cinco respirações. Inspire, estenda a perna esquerda para trás e dobre a direita à frente, com a cabeça alta e as mãos bem apoiadas no chão. Mais uma vez, fique em pé, expire e flexione-se para a frente, procurando tocar a parte de trás dos tornozelos com as mãos. Inspire, fique de pé, erga os braços e incline-se para trás. Expire e coloque as mãos em posição de oração.

APÊNDICE A: POSTURAS DE YOGA

Apêndice B

CRISTAIS

• • • • • • •

O trabalho com cristais é de grande eficácia no tratamento dos chakras. Observe as ilustrações e descrições a seguir para identificar os melhores cristais que atendem às suas necessidades.

ÁGATA AMARELA

A ágata amarela harmoniza o chakra do plexo solar e fortalece a coragem, a autoconfiança e o poder pessoal. Ameniza problemas digestivos, como alergias alimentares e o metabolismo. Também aumenta a concentração e a memória.

ÁGATA DE FOGO

A ágata de fogo é associada principalmente ao chakra da raiz, que ativa, mas também estimula os chakras do plexo sacral e do plexo solar. É uma pedra multicolorida com uma tonalidade básica marrom-escura com luminescências de laranja, vermelho, verde e dourado.

ÁGUA-MARINHA

De cor azul ou verde-azulada, a água-marinha corresponde ao chakra da garganta. Ajuda a nos comunicar com clareza, ativando o chakra da garganta, sendo também muito calmante e revigorante nos níveis físico e emocional.

ÂMBAR

O âmbar é uma ótima pedra para fortalecer os chakras do plexo sacral e do plexo solar. Quanto mais amarelo, melhor para o chakra do plexo solar. Quanto mais laranja, melhor para o chakra do plexo sacral.

AMETISTA

Em geral, a ametista é a pedra que mais atrai as pessoas em seus primeiros contatos com os cristais. Ela corresponde aos chakras do terceiro olho e da coroa, sendo muito utilizada por suas qualidades calmantes, por desenvolver a intuição e prevenir ataques psíquicos.

APOFILITA

De modo geral, esta pedra é incolor, branca ou cinza, mas ocasionalmente pode apresentar uma tonalidade verde. De grande intensidade vibracional, a apofilita corresponde ao chakra da coroa e favorece o aprimoramento das nossas habilidades psíquicas. É especialmente eficiente para desfazer bloqueios no chakra da coroa.

CALCITA VERDE

Há diferentes cores da calcita: a versão verde estimula o chakra do coração. Ela dissipa o estresse do chakra do coração e ajuda a promover o relaxamento, o equilíbrio emocional e a relação com o coração.

CELESTITA

A cor mais frequente da celestita é o azul-acinzentado. Ela ativa o chakra da garganta, embora também seja eficaz para os chakras do terceiro olho e da coroa. É uma pedra recomendável para entrar em contato com espíritos guias e anjos.

CIANITA

Existem várias cores de cianita, que, em geral, tratam todos os chakras. A cianita azul está mais associada aos chakras da garganta e do terceiro olho, enquanto a cianita verde está mais ligada ao chakra do coração.

CIANITA AZUL

A cianita azul é uma pedra de alta vibração que favorece a cura do chakra da garganta. Também promove a abertura dos canais psíquicos, ajudando, assim, o chakra do terceiro olho. Pode ser facilmente identificada por suas estrias alongadas e planas, como lâminas, que a caracterizam.

CIANITA VERDE

A cianita verde nos conecta com o chakra do coração, ajudando-nos a encontrar a verdade do nosso coração e orientando-nos a viver de acordo com essa verdade. Esta pedra forma cristais planos, como lâminas. Observação: não se deve lavar a cianita verde com água salgada, pois o sal a danifica.

CITRINO AMARELO

Os matizes do citrino variam do amarelo-claro ao quase alaranjado – com alguns podendo apresentar tons acastanhados. O citrino amarelo estimula o chakra do plexo solar e fortalece a vontade. Purifica intensamente o nosso centro.

CORAL (VERMELHO)

O coral se apresenta em várias cores, mas o coral vermelho aqui ilustrado abre e ativa o chakra da raiz. Também fortalece o sistema circulatório e os ossos do corpo e estimula os nossos processos metabólicos para eliminar impurezas do sistema muscular.

CORNALINA

A cornalina é uma pedra de cor alaranjada que ativa o chakra do plexo sacral. Quando apresenta uma tonalidade vermelho-escura, também é aplicada ao chakra da raiz. Em tons mais amarelos, ressoa com o chakra do plexo solar.

DIAMANTE HERKIMER

Os diamantes Herkimer são, em geral, claros, mas podem ter variações ou ser mais enfumaçados do que incolores. Eles ativam e abrem o chakra da coroa e são manifestações da pura luz espiritual. Esta pedra ajuda a purificar os nossos campos energéticos e a nos manter concentrados enquanto meditamos.

ESMERALDA

A esmeralda é um excelente terapeuta do coração nos níveis emocional e físico, estimula o amor, a compaixão, a cura e a abundância. É a pedra que mais representa os padrões de energia do chakra do coração ativado.

FENACITA

A fenacita é um mineral raro que pode ser facilmente confundido com outras pedras, como quartzo ou topázio. Esta pedra é um poderoso gerador de pura energia de Luz Branca e ativa os chakras da coroa e do terceiro olho.

FLUORITA

A fluorita se apresenta em diversas cores e com frequência revela diferentes cores no mesmo espécime. Todos os matizes aumentam a lucidez mental e purificam os campos de energia. Dependendo da cor, é benéfica para todos os chakras, mas é predominantemente associada ao chakra do terceiro olho.

GRANADA

A granada também se apresenta em inúmeras cores, com predominância da cor vermelha, estabilizadora do chakra da raiz. Ela favorece a limpeza e a purificação de áreas caóticas da nossa vida e trata distúrbios da coluna, dos ossos e do sangue.

HELIOTRÓPIO

Esta pedra fortalece o chakra da raiz e ajuda a nos fixar em nosso corpo. É de cor verde-escura com pintas e manchas vermelhas. É uma pedra de vitalidade, favorecendo a resistência e o vigor. Também ajuda em todas as formas de distúrbios no sangue.

HEMATITA

A hematita protege o chakra da raiz e é uma das pedras mais eficazes para nos ancorar no nosso corpo e no mundo físico. Ela combina bem com outras pedras que favorecem a formação de bases sólidas, como a turmalina negra e o quartzo-enfumaçado.

IOLITA

É comum a iolita apresentar-se na cor violeta ou lavanda-azulada clara. Ela abre o caminho de luz do chakra da garganta ao chakra da coroa, sendo assim associada aos chakras da garganta, do terceiro olho e da coroa. É eficaz para jornadas xamânicas e para a cura de feridas antigas.

JADE

São inúmeras as cores do jade, mas a variedade verde é a mais comum. O jade verde harmoniza e equilibra o chakra cardíaco, tratando, assim, o coração. Ele promove o aumento constante da energia da força vital, também conhecida como *qi*.

JASPE VERMELHO

O jaspe vermelho abre e estimula o chakra da raiz e nos prende firmemente à Terra. A frequência vibracional desta pedra pode estimular a energia kundalini de uma pessoa. Observação: o despertar da energia kundalini deve ser feito gradualmente!

KUNZITA

A kunzita ressoa com os chakras da coroa e cardíaco e harmoniza a energia da mente com a do coração. Ajuda a fundamentar nossas crenças, aumenta a intuição e nos ajuda a dissipar aborrecimentos. Torna o coração receptivo para as energias do amor.

LABRADORITA

A labradorita está cheia de luminescências vívidas de azul-esverdeado, dourado, alaranjado, avermelhado e até violáceo, às vezes. Ela é a gema da magia (ou seja, dos nossos dons intuitivos). Usando-a, aumentamos as nossas habilidades inatas. Ela beneficia todos os chakras, mas é especialmente benéfica para o chakra da coroa.

LÁPIS-LAZÚLI

Esta pedra, também chamada lazulita, ativa os chakras do terceiro olho e da garganta. É uma pedra para clarividência e precognição. Sua cor mais comum é o azul-escuro, com manchas douradas e às vezes brancas. Coloque-a sobre o terceiro olho para ter sonhos mais claros.

LEPIDOLITA

A cor da lepidolita é quase sempre rosa ou púrpura. Ela ressoa com todos os chakras, mas ativa os chakras do terceiro olho e do coração. É uma pedra de serenidade e purificação espiritual. Meditações com ela promovem a limpeza das energias bloqueadas em qualquer dos chakras.

MAGNETITA

A magnetita estabiliza firmemente o chakra da raiz. Alguns dizem que ela também fortalece o sistema circulatório e ameniza problemas sanguíneos. Pode-se identificá-la com facilidade, pois, em geral, é revestida por pequenas partículas imantadas e outros minerais magnéticos.

OBSIDIANA

A obsidiana negra é sua variação mais comum, exibindo uma cor preta brilhante. Ela favorece a estabilidade do chakra da raiz e elimina de modo muito eficaz as energias negativas dentro de nós e em nosso ambiente. Também é muito protetora e dissipa a desarmonia do campo áurico.

OLHO DE TIGRE AMARELO

O olho do tigre amarelo estimula o chakra do terceiro olho. É uma pedra de vitalidade, praticidade, clareza mental e ação física. Ajuda-nos a reagir às nossas necessidades e aos desafios na vida, ao mesmo tempo em que nos mantêm firmes.

ÔNIX

Entre as variedades de ônix, a mais conhecida é o ônix preto. O ônix preto estimula o primeiro chakra e nos ancora na energia eletromagnética da Terra. Acalma e condensa as energias em excesso, aliviando, assim, a ansiedade.

PEDRA DA LUA

A pedra da lua tem um brilho branco-azulado. Pode revelar às mulheres seu poder feminino e sua relação com a deusa. Quando usada por homens, estimula o lado direito do cérebro, promovendo o equilíbrio emocional. Ativa o chakra da coroa.

PEDRA DO SOL

A pedra do sol deriva seu nome da cor quente e da luz refletida que nos lembram o sol. Ela energiza os chakras do plexo sacral e do plexo solar. Estimula a criatividade e a sexualidade.

PERIDOTO

O peridoto varia da cor verde-oliva à verde limão. Ele harmoniza os chakras do coração e do plexo solar. Ajuda-nos a receber o Amor Universal, o que nos dispõe a receber abundância em todos os níveis da vida.

QUARTZO-ENFUMAÇADO

O quartzo-enfumaçado é uma pedra poderosa para enraizamento e purificação. Ele ativa e abre o chakra da raiz e limpa a aura e os sistemas energéticos. Absorve e transmuta a negatividade, fixando-a na Terra.

QUARTZO ROSA

O quartzo rosa é a pedra primordial do amor. Ele ativa o chakra cardíaco e desenvolve o amor ao próximo, à comunidade, à Terra, ao Universo, ao Divino. Com brandura, mas intensamente, ajuda-nos a curar o coração.

QUARTZO-RUTILADO

O quartzo-rutilado ressoa com todos os chakras, mas tem uma relação mais próxima com o chakra do plexo solar. Ajuda a estabilizar os processos emocionais e mentais e o sistema digestório, melhorando a absorção de nutrientes.

QUARTZO TRANSPARENTE

O quartzo transparente é uma pedra com diversos objetivos e benéfica para todos os chakras, mas é especialmente eficaz para o chakra da coroa. É um excelente amplificador, podendo ser colocada ao lado de outras pedras para aumentar suas propriedades curativas.

RUBI

O rubi estimula intensamente o chakra da raiz e atrai energia e vitalidade para o nosso ser. Se quiser ativar os seus corpos físico, mental e emocional, use rubi. Ele infunde coragem e estimula o fluxo da energia da força vital, ou *qi*, através do corpo.

SAFIRA-ESTRELA

A safira-estrela ativa o terceiro olho. Aumenta a concentração, sendo conhecida como a pedra da sabedoria e da boa sorte. Medite com ela sobre o chakra do terceiro olho para sentir seus efeitos.

SELENITA

A selenita é eficaz na limpeza do campo áurico e é ótima para qualquer trabalho de limpeza energética. Ela ativa rapidamente os chakras da coroa e do terceiro olho. É quase sempre encontrada na forma de bastão.

SODALITA

Esta pedra azul-escuro ativa os chakras da garganta e do terceiro olho. Ela nos ajuda a ficar abertos para a nossa verdade e melhora a comunicação. Reduz a negatividade e aumenta a positividade. Abranda a rouquidão e o desconforto na garganta.

SUGILITA

A sugilita abre os chakras do terceiro olho e da coroa. Dotada de inúmeras qualidades benéficas, é protetora e purificadora, além de ativar o coração e a mente. Ajuda-nos a superar a falta de esperança e a sensação de que não temos opções na vida.

TANZANITA

A tanzanita ativa os chakras do terceiro olho e da coroa. Reúne as energias da mente e do coração, o que nos ajuda a permanecer centrados em nossa sabedoria. As variedades mais comuns variam do azul ao azul-violeta, embora algumas também se distribuam entre o amarelo-dourado e o amarelo-acastanhado.

TOPÁZIO AMARELO

O topázio amarelo ativa o chakra do plexo solar e fortalece sobremodo a nossa vontade. Ajuda-nos a manifestar aquilo que queremos criar na vida e a abrandar o estresse e a irritabilidade. Ao usar esta pedra, é recomendável mantê-la junto ao corpo.

TOPÁZIO BRANCO

Também conhecido como topázio incolor, o topázio branco estimula o chakra da coroa e aprimora os nossos dons psíquicos e intuitivos. Pode ajudar os que têm dificuldade de dizer a verdade por medo ou os que precisam de orientação para encontrar sua verdade pessoal.

TURMALINA LARANJA

São muitas as variações e cores da turmalina. A turmalina laranja estimula o chakra do plexo sacral e aumenta a criatividade, a intuição do plano físico e a sexualidade. É muito rara e, em geral, aparece nas cores amarela e vermelha.

TURMALINA NEGRA

A turmalina negra é uma ótima pedra para o chakra da raiz, favorecendo a formação de uma base sólida. No entanto, é mais conhecida como a pedra definitiva para proteção psíquica, uma vez que desvia todas as energias negativas direcionadas contra a pessoa. Deve ser usada no corpo.

TURMALINA VERDE

A turmalina verde pode variar desde um verde-pastel até um verde-oliva escuro. Cura o chakra do coração e é uma das pedras essenciais para a autocura. Promove o equilíbrio do corpo e a saúde de plantas interiores.

TURQUESA

Dentre todas as gemas, é muito provável que a turquesa seja a de uso mais antigo. Ela ressoa com o chakra da garganta, incentivando os tímidos a se relacionarem com o mundo. É uma pedra de perdão.

RECURSOS

Brennan, Barbara Ann. *Hands of Light: A Guide to Healing Through the Human Energy Field*. New York, NY: Bantam Books, 1988. Um recurso completo sobre a dinâmica da energia no campo energético humano, incluindo a aura humana e técnicas para desenvolvimento do praticante. [*Mãos de Luz – Um Guia Para a Cura Através do Campo de Energia Humano*, Editora Pensamento, São Paulo, 2ª edição, 2018.]

Bruyere, Rosalyn L. *Wheels of Light: Chakras, Auras, and the Healing Energy of the Body*. Simon and Schuster, 1994. Uma compreensão lúcida do corpo energético, da vibração e dos chakras para profissionais da saúde.

Hay, Louise L. *You Can Heal Your Life*. Hay House, Inc., 1999. Um manual clássico e criterioso sobre a cura de si mesmo por meio do amor e da transformação dos processos de pensamento.

Judith, Anodea, PhD. *Wheels of Life: The Classic Guide to the Chakra System*. Llewellyn Publications, 1999. Um estudo clássico e amplo do sistema de chakras.

Melody. *Love Is in the Earth: A Kaleidoscope of Crystals*. Wheat Ridge, CO: Earth-Love Publishing House, 1995. Um estudo minucioso sobre as propriedades metafísicas dos cristais.

Mercier, Patricia. *Chakras: Balance Your Body's Energy for Health and Harmony*. Godsfield Press, 2000. Oferece as noções básicas para entender o sistema de chakras.

Myss, Caroline. *Anatomy of the Spirit: The Seven Stages of Power and Healing*. New York, NY: Harmony Books, 1996. A Dra. Myss fundamenta-se em três tradições espirituais – os chakras hindus, os sacramentos cristãos e a Árvore da Vida da Cabala – para descrever um modelo dos sete centros de energia espiritual e física do corpo.

Simmons, Robert, and Naisha Ahsian. *The Book of Stones: Who They Are and What They Teach*. North Atlantic Books, 2007. Um texto abrangente sobre cristais.

Wauters, Ambika. *Chakras and Their Archetypes: Uniting Energy Awareness and Spiritual Growth*. The Crossing Press, 1997. Aborda os arquétipos positivos e negativos de cada chakra.

REFERÊNCIAS

● ● ● ● ● ●

Brennan, Barbara Ann. *Hands of Light: A Guide to Healing Through the Human Energy Field*. New York, NY: Bantam Books, 1988. [*Mãos de Luz – Um Guia Para a Cura Através do Campo de Energia Humano*, Editora Pensamento, São Paulo, 2ª edição, 2018.]

Fennell, Alexander B., Erik M. Benau, and Ruth Ann Atchley. "A Single Session of Meditation Reduces Physiological Indices of Anger in Both Experienced and Novice Meditators." *Consciousness and Cognition* 40 (fevereiro de 2016):54-66. doi: 10.1016/j.concog.2015.12.010.

Hay, Louise L. *You Can Heal Your Life*. Carlsbad, CA: Hay House, Inc., 1999.

Judith, Anodea, PhD. *Wheels of Life: The Classic Guide to the Chakra System*. Woodbury, MN: Llewellyn Publications, 1999.

Mayo Clinic. "Diseases and Conditions: Cancer. Risk Factors." Último acesso em: 21 set. 2016. www.mayoclinic.org/diseases-conditions/cancer/basics/risk-factors/con-20032378.

Mayo Clinic. "Diseases and Conditions: Hemorrhoids." Último acesso em: 21 set. 2016. www.mayoclinic.org/diseases-conditions/hemorrhoids/home/ovc-20249172.

Mayo Clinic. "Diseases and Conditions: Uterine Fibroids." Último acesso em: 21 set. 2016. www.mayoclinic.org/diseases-conditions/uterine-fibroids/home/ovc-20212509.

Melody. *Love Is in the Earth: A Kaleidoscope of Crystals*. Wheat Ridge, CO: Earth-Love Publishing House, 1995.

Mercier, Patricia. *Chakras: Balance Your Body's Energy for Health and Harmony*. Nova York, NY: Godsfield Press, 2000.

Simmons, Robert, and Naisha Ahsian. *The Book of Stones: Who They Are and What They Teach*. Berkeley, CA: North Atlantic Books, 2007.

Wauters, Ambika. *Chakras and Their Archetypes: Uniting Energy Awareness and Spiritual Growth*. Berkeley, CA: The Crossing Press, 1977.

ÍNDICE REMISSIVO

A

abdômen, 27
abnegação, 35
abundância, 24, 94
abuso sexual, 77
aceitação e tolerância, 26
acupuntura, 47
afirmação
    "Eu amo", 29
    "Eu falo", 31
    "Eu posso", 27
    "Eu sei", 35
    "Eu sinto", 25
    "Eu sou", 23
    "Eu vejo", 33
    Ver sintomas e doenças, comuns
ágata amarela, 27, 105
ágata de fogo, 23, 89
água-marinha, 31, 121
ajna, 33
alecrim, óleo essencial de, 27, 31, 107, 123
alegria, cultivo da, 110
alienação, 35
alimentação, 46, 48
amarelo, chakra associado ao, 27
âmbar, 25, 27, 97, 105
ametista, 33, 35, 129, 137
amor
    chakra associado ao, 19
    e ódio, 29
anahata, 29
ancestrais, mantendo fotos dos, 51
anorexia, 27, 55-56
ansiedade, 58. *Ver também* pânico, ataques de

aparências, mantendo, 26
apatia, 35
apêndice, 25
apofilita, 35, 137
aprendizagem, dificuldades de, 33
ar, chakra associado ao, 29
articulação temporomandibular (ATM), 31, 68-69
artrite, 23, 27
asanas, prática, 41. *Ver também* yoga
asma e alergias, 29, 57
ataque cardíaco, 29
atenção plena, desenvolvendo, 49
auras, limpeza, 50
autoconfiança, 27
autoestima, 19, 26-7, 102, 110
autoexpressão, 30, 118
AVC, 33
azul, chakra associado ao, 31

B

baço, 27
bergamota, óleo essencial de, 29, 115
bexiga, 25
bloqueios de energia
    chakra da coroa, 35
    chakra da garganta, 31
    chakra da raiz, 23
    chakra do coração, 29
    chakra do plexo sacral, 25
    chakra do plexo solar, 27
    chakra do terceiro olho, 33
boca, 31
braços, 29, 31
branco, chakra associado ao, 35
bulimia, 27, 56-7

C

calcita verde, 29, 113
camomila alemã, óleo essencial de, 31, 123
camomila-romana, óleo essencial de, 27, 107
câncer, 58-9
   de mama, 29, 59
capacidades, 27
cegueira, 33
celestita, 31, 121
cérebro, 33
chakra da base. Ver chakra da raiz
chakra da coroa
   afirmação, 35
   cânceres, 58-9
   características, 134
   causas dos bloqueios de energia, 35
   cor, 35
   cristais, 35, 137-38
   depressão, 62
   dores de cabeça, 65
   elemento, 35
   em harmonia/desarmonia, 34
   estresse, 70
   fadiga, 71
   glândulas, 35
   lição de vida, 35
   localização, 35
   mantra, 141
   meditação, 135-36
   nome sânscrito, 35
   nomes, 35
   óleos essenciais, 35, 139
   partes do corpo físico e disfunções, 35
   pele, problemas de, 77-8
   problemas mentais/emocionais, 35
   propósito do, 19
   sugestões, 141
   yoga, 140
chakra da garganta
   abuso sexual, 80-1
   afirmação, 31

ATM (articulação temporomandibular), dor na, 68-9
cânceres, 58-9
características, 118
causas de bloqueios de energia, 31
conflito, 60-1
cor, 31
cristais, 31, 121-22
distúrbios da tireoide, 82
dor na mandíbula, 68-9
dor nas costas, 65-6
dor no pescoço, 67
elemento, 31
em harmonia/desarmonia, 30
entoação do mantra, 125
estresse, 70
glândulas, 31
lição de vida, 31
localização, 31
meditação, 119-20
nome sânscrito, 31
nomes, 31
óleos essenciais, 31, 123
partes do corpo físico e disfunções, 31
problemas mentais/emocionais, 31
propósito do, 19
sugestões, 125
vício, 83
yoga, 124
chakra da raiz. Ver também chakras físicos
   abuso sexual, 80-1
   afirmação, 23
   ataques de pânico, 58
   cânceres, 58-9
   características, 86
   causas de bloqueios de energia, 23
   ciática, dor 64
   codependência, 59
   constipação, 61
   cor, 23
   cristais, 23, 89-90
   dor nas costas, 65-6
   dor nas pernas, 67

elemento, 23
em harmonia/desarmonia, 22
entoação do mantra, 93
estresse, 70
fadiga adrenal, 72
glândulas, 23
hemorroidas, 72-3
infertilidade, 73-4
lição de vida, 23
localização, 23
meditação, 87-8
medo, 74-5
nome sânscrito, 23
nomes, 23
ódio de si mesmo, 77
óleos essenciais, 23, 91
partes físicas do corpo e disfunções, 23
problemas de peso, 78
problemas mentais/emocionais, 23
propósito do, 19
raiva, 79-80
sugestões, 93
yoga, 92
chakra da testa. Ver chakra do terceiro olho
chakra do coração
  afirmação, 29
  asma/alergias, 57
  ataques de pânico, 58
  cânceres, 58-59
  características, 110
  causas de bloqueios de energia, 29
  codependência, 59
  cor, 29
  cristais, 29, 113-14
  depressão, 62
  dor nas costas, 65-6
  elemento, 29
  em harmonia/desarmonia, 28
  entoação do mantra, 117
  estresse, 70-1
  glândula, 29
  lição de vida, 29

localização, 29
luto, 74
meditação, 111-12
nomes sânscritos, 29
nomes, 29
ódio de si mesmo, 77
óleos essenciais, 29, 115
partes do corpo físico e disfunções, 29
problemas de separação, 55
problemas mentais/emocionais, 29
propósito, 19
solidão, 82
sugestões, 117
yoga, 116
chakra do plexo sacral
  abuso sexual, 80
  afirmação, 25
  cânceres, 58-9
  características, 94
  causas de bloqueios de energia, 25
  ciática, dor 60
  codependência, 59
  conflito, 60-1
  cor, 25
  cristais, 25, 97-8
  culpa, 61-2
  dor nas costas, 65-66
  dor nos quadris, 69
  DSTs (doenças sexualmente transmissíveis), 63-4
  elemento, 25
  em harmonia/desarmonia, 24
  entoação do mantra, 101
  estresse, 70-1
  glândulas, 25
  infertilidade, 73-4
  lição de vida, 25
  localização, 25
  meditação, 95-6
  miomas e cistos uterinos, 76-7
  nome sânscrito, 25
  nomes, 25
  o e disfunções, 25

óleos essenciais, 25, 99
partes físicas do cor
problemas de peso, 78
problemas mentais/emocionais, 25
propósito de, 19
raiva, 80-1
sugestões, 101
vergonha, 83
yoga, 100
chakra do plexo solar. *Ver também* poder
abuso sexual, 80-1
afirmação, 27
anorexia, 55-6
bulimia, 55-6
cânceres, 58-9
características, 102
causas de bloqueios de energia, 27
codependência, 59
conflito, 60-1
constipação, 61
cor, 27
cristais, 27, 105-06
culpa, 61-2
dor nas costas, 65-6
dor nas pernas, 67
dor/distúrbios estomacais, 68
elemento, 27
em harmonia/desarmonia, 26
entoação do mantra, 109
estresse, 71-2
fadiga, 71
glândulas, 27
infertilidade, 73-4
lição de vida, 27
localização, 27
meditação, 103-04
medo, 74-5
nomes sânscritos, 27
nomes, 27
ódio de si mesmo, 77
óleos essenciais, 27, 107
pânico, ataques de, 58
partes do corpo físico e disfunções, 27

problemas de peso, 78-9
problemas digestivos, 78
problemas mentais/emocionais, 27
propósito do, 19
sugestões, 109
vergonha, 83
yoga, 108
chakra do terceiro olho
afirmação, 33
características, 126
causas de bloqueios de energia, 33
cor, 33
cristais, 33, 129-30
dores de cabeça, 65
elemento, 33
em harmonia/harmonia, 32
entoação do mantra, 133
estresse, 70
glândulas, 33
lição de vida, 33
localização, 33
meditação, 127-28
neuropatia, 76
nome sânscrito, 33
nomes, 33
óleos essenciais, 33, 131
partes do corpo físico e disfunções, 33
problemas mentais/emocionais, 33
propósito do, 19
sinusite, 81-2
sugestões, 133
vício, 83-4
yoga, 132
chakras espirituais, identificação, 19
chakras físicos, 19
chakras, cores dos
da coroa, 35
da garganta, 31
da raiz, 23
do coração, 29
do plexo sacral, 25
do plexo solar, 27
do terceiro olho, 33

chakras, cura dos
  advertências, 17-8
  mitos, 17
  poder da, 16
chakras, sensação dos, 15
chakras
  como vórtices de energia, 14
  derivação sânscrita, 13-4
  despertar, 20-1
  espirituais versus físicos, 19
  sentindo os, 15
cianita, 33, 129
  azul, 31, 121
  verde, 29, 113
ciático, 23, 64-5. Ver também dor nas costas
citrino amarelo, 27, 105
codependência, 59-60
coluna torácica, 27
compaixão, chakra associado à, 19, 29, 110
comunicação, chakra associado à, 19
confiança, 27, 29
conflito, 60-1. Ver também raiva
confusão, 35
consciência de grupo, 22, 86
consciência, 32
constipação, 23, 61
controle e domínio, 26-7
convulsões, 33
coragem, 35
coral, 25, 97
cornalina, 25, 97
corpo de energia/energético, 13-4
corpo, partes do. Ver corpo físico, partes
córtex cerebral, 35
costas, parte superior, chakras afetados, 66
costelas, 29
criatividade, 19, 25, 30, 94
cristais
  ágata amarela, 27, 105
  ágata de fogo, 23, 89

água-marinha, 31, 121
aliados, 50
âmbar, 25, 27, 97, 105
ametista, 33, 35, 129, 137
apofilita, 35, 137
calcita verde, 29, 113
celestita, 31, 121
cianita azul, 31, 121
cianita verde, 29, 113
cianita, 33, 129
citrino amarelo, 27, 105
coral, 25, 97
cornalina, 25, 97
diamante Herkimer, 35, 137
esmeralda, 29, 113
fenacita, 35, 137
fluorita, 33, 129
granada, 23, 89
heliotrópio, 23, 89
hematita, 23, 89
iolita, 31, 121
jade, 29, 113
jaspe vermelho, 23, 89
kunzita, 35, 137
labradorita, 35, 137
lápis-lazúli, 31, 33, 121, 129
lepidolita, 33, 129
limpeza, 89
magnetita, 23, 89
obsidiana, 23, 89
olho de tigre amarelo, 27, 105
ônix, 23, 89
pedra da lua, 25, 35, 97, 137
pedra do sol, 25, 97
peridoto, 29, 113
quartzo rosa, 29, 113
quartzo transparente, 33, 35, 129, 137
quartzo-enfumaçado, 23, 89
quartzo-rutilado, 27, 105
rubi, 23, 89
safira-estrela, 33, 129
selenita, 35, 137
sodalita, 31, 121

ÍNDICE REMISSIVO **181**

sugilita, 33, 129
tanzanita, 33, 129
topázio amarelo, 27, 105
topázio branco, 35, 137
turmalina laranja, 25, 97
turmalina negra, 23, 89
turmalina verde, 29, 113
turquesa, 31, 121
uso dos, 43-4, 144-45
cristais, limpeza de, 89
crítica, sensibilidade à, 27, 31
cuidado de si e dos outros, 27
culpa, 25, 61-2

D

decisões, tomada de, responsabilidade, 27, 31
defumação do espaço de vida, 49, 89
dentes e gengivas, 31
depressão, 23, 28, 35, 62
Deus/Deusa, separação de, 34
devoção, 35
diabetes/pancreatite, 27
diafragma, 29
diamante Herkimer, 35, 137
dieta e alimentação, 46, 48
dinheiro, questões em torno do, 24-5
distúrbios
 energéticos, 35
 neurológicos, 33
divindades, estátuas, colocadas em altares, 51
Divino, 34-5, 134
 Interior, 134
doença cardíaca, 29
domínio e controle, 26
dor(es)
 de cabeça, 33, 65
 na mandíbula, 68-9
 nas costas, 65-6. *Ver também* ciático
 nas pernas, 67
 nos quadris, 25, 69
dourado, chakra associado ao, 35

DSTs (doenças sexualmente transmissíveis), 63-4

E

egocentrismo, 29
emoções, contato com, 25, 94. *Ver também* problemas mentais/emocionais
energia
 kundalini, 20-1, 41
 limpeza, 50
 manter através do movimento, 49
 energia negativa, limpeza da, 49
 energia positiva, mantendo a, 48-9
escoliose, 31
esmeralda, 29, 113
esôfago, 31
espaço de cura, criando, 50-1
espaço do altar, bênção, 50-1
espaço sagrado de cura, criando, 50-1
esperança, 29
espiritualidade, chakra associado à, 19, 35
estilo de vida, mudanças, fazendo, 39-40
estômago
 câncer, 59
 dor e distúrbios, 68
 e chakra do plexo solar, 27
estresse, 70-1
ética, 25
exaustão, 35

F

fadiga, 27, 71
 adrenal, 72
família, 19
fé, 31, 35
fenacita, 35, 137
fígado, 27
fluorita, 33, 129
fogo, chakra associado ao, 27
Fonte, desligado da, 34
fotos, mantendo, 51

G

gengivas e dentes, 31
genitais, 25
gerânio, óleo essencial de, 29, 115
glândula(s)
  adrenais, 23, 27
  inchadas, 31
  paratireoide, 31
  pineal, 33
  pituitária, 35
  timo, 29
  glândula tireoide
    câncer, 61
    distúrbios, 82
    e chakra da garganta, 31
  glândulas
    chakra da coroa, 35
    chakra da garganta, 31
    chakra da raiz, 23
    chakra do coração, 29
    chakra do plexo sacral, 25
    chakra do plexo solar, 27
    chakra do terceiro olho, 33
granada, 23, 89
gratidão, prática da, 49
guerreiro interior, fogo do, 102

H

habilidades intelectuais, 33
hábitos, mudança, 39-40
heliotrópio, 23, 89
hematita, 23, 89
hemorroidas, 23, 72-3
hepatite, 27
hipotálamo, 31
hissopo, óleo essencial de, 31, 123
honra, 27
hortelã-pimenta, óleo essencial de, 35, 139
HUM, entoação, 125

I

ilangue-ilangue, 25, 29, 99, 115
iluminação, busca da, 20-1
inadequação, sentimentos de, 26
indigestão, 27
índigo, chakra associado ao, 33
infertilidade, 73-4
inspiração, 35
insuficiência cardíaca congestiva, 29
inteligência emocional, 33
intestinos, 27
intimidação, 27
intuição, chakra associado à, 19, 32, 126
iolita, 31, 121

J

jade, 29, 113
jaspe vermelho, 23, 89
joelhos, problemas nos, 23
julgamento, 31

K

kunzita, 35, 137

L

labradorita, 35, 137
LAM, entoação, 93
lápis-lazúli, 31, 33, 121, 129
laranja, chakra associado à cor, 25
lavanda, óleo essencial de, 27, 29, 31, 33, 107, 115, 123, 131
lepidolita, 33, 129
lição de vida
  chakra da coroa, 35
  chakra da garganta, 31
  chakra da raiz, 23
  chakra do coração, 29
  chakra do plexo sacral, 25
  chakra do plexo solar, 27
  chakra do terceiro olho, 33
limão, óleo essencial de, 25, 27, 99, 107
lótus, óleo essencial de, 35, 139
luto, 74
luz
  chakra associado à, 33
  sensibilidade à, 35

M

magnésio, benefícios do, 50
magnetita, 23, 89
manipura, 27
mantras. *Ver sons-mantras, entoação dos*
mãos
  calor e troca de energia, 15
  e chakra da garganta, 31
meditação
  chakra da coroa, 135-36
  chakra da garganta, 119-20
  chakra da raiz, 87-8
  chakra do coração, 111-12
  chakra do plexo sacral, 95-6
  chakra do plexo solar, 103-04
  chakra do terceiro olho, 127-28
  prática da, 38, 144
  procedimento, 38
  propósito, 37-8
  prós/contras, 39
medo, 27, 74-5
melissa/erva-cidreira, óleo essencial de, 29, 115
miomas e cistos uterinos, 82-3 *Ver também* útero
mirra, 23, 91
movimento, para manter a energia, 49
mudanças comportamentais, fazendo, 39-40
muladhara, 23

N

nardo, e chakra da raiz, 23, 91
nariz, 33
natureza, confiança e desconfiança da, 22
necessidades, comunicando, 118
néroli, óleo essencial de, 29, 115
neuropatia, 76
nomes sânscritos
  chakra da coroa, 35
  chakra da garganta, 31
  chakra da raiz, 23
  chakra do coração, 29

chakra do plexo sacral, 25
chakra do plexo solar, 27
chakra do terceiro olho, 33

O

obsidiana, 23, 89
ódio de si mesmo, 77. *Ver também* ódio e amor
ódio e amor, 29. *Ver também* ódio de si
oferenda, travessa para, uso, 51
óleos essenciais
  alecrim, 27, 31, 107, 123
  bergamota, 29, 115
  camomila alemã, 31, 123
  camomila-romana, 27, 107
  chakra da coroa, 35, 139
  chakra da garganta, 31, 123
  chakra da raiz, 23, 91
  chakra do coração, 29, 115
  chakra do plexo sacral, 25, 99
  chakra do plexo solar, 27, 107
  chakra do terceiro olho, 33
  gerânio, 29, 115
  hissopo, 31, 123
  hortelã-pimenta, 35, 139
  ilangue-ilangue, 25, 29, 99, 115
  lavanda, 27, 29, 31, 33, 107, 115, 123, 131
  limão, 25, 27, 99, 107
  lótus, 35, 139
  melissa/erva-cidreira, 29, 115
  mirra, 23, 91
  nardo, 23, 91
  néroli, 29, 115
  olíbano, 31, 33, 35, 123, 131, 139
  palmarosa, 29, 115
  Patchouli, 23, 25, 91, 99
  pau-rosa, 25, 27, 99, 107
  rosa, 29, 115
  sândalo, 23, 25, 33, 35, 91, 99, 131, 139
  uso dos, 44-6, 145
  vetiver, 23, 91

olho de tigre 27, 105
olhos, 33
olíbano, óleo essencial de, 31, 33, 35, 123, 131, 139
OM, entoação, 141
ombros, 29, 31
ônix, 23, 89
orelhas, 33
ovários, 25

P

paciência, cultivo da, 17-8
palmarosa, óleo essencial de, 29, 115
Palo Santo, uso do, 50
pancreatite/diabetes, 27
pânico, ataques de, 58. *Ver também* ansiedade
parte inferior das costas/região lombar
  chakras afetados, 66
  dor, 23
partes físicas do corpo e disfunções
  chakra da coroa, 35
  chakra da garganta, 31
  chakra da raiz, 23
  chakra do coração, 29
  chakra do plexo sacral, 25
  chakra do plexo solar, 27
  chakra do terceiro olho, 33
patchouli, óleo essencial de, 23, 25, 91, 99
pau-rosa, óleo essencial de, 25, 27, 99, 107
paz e serenidade, 26
pedra da lua, 25, 35, 97, 137
pedra do sol, 25, 97
pele, problemas de, 35, 77-8
pelve, 25. *Ver também* chakra do plexo sacral
pensamento, elemento do, 35
percepção e intuição, 33
perdão, 29
pericárdio, 29
peridoto, 29, 113
personalidade, 26

pescoço rígido, 31
pescoço, dor no, 67
pescoço, vértebras do, 31
plano físico, segurança e proteção no, 23
pneumonia brônquica, 29
poder pessoal, 26, 31
poder. *Ver também* chakra do plexo solar
  chakra associado ao, 19, 102
  e controle, 25
  questões relacionadas ao, 27
  praticante de cura, obtendo ajuda de, 18
prazer, 24
pressão alta, 29
prestígio, necessidade de, 26
primeiro chakra. *Ver* chakra da raiz
problemas de coluna, 33
problemas de peso, 23, 78-9
problemas digestivos, chakras afetados, 78
problemas intestinais/cólon, 27
problemas mentais/emocionais. *Ver também* emoções
  chakra da coroa, 35
  chakra da garganta, 31
  chakra da raiz, 23
  chakra do coração, 29
  chakra do plexo sacral, 25
  chakra do plexo solar, 27
  chakra do terceiro olho, 33
próstata, câncer de, 59
pulmão, câncer de, 29, 59
pulmão, doença, 29
pulmões, 29

Q

quarto chakra. *Ver* chakra do coração
quartzo
  enfumaçado, 23, 89
  rosa, 29, 113
  rutilado, 27, 105
  transparente, 33, 35, 129, 137
questões de segurança e proteção, 23
quinto chakra. *Ver* chakra da garganta

R

RA, entoação, 109
raiva, 79-80. *Ver também* conflito
chakra do plexo sacral, 24
chakra do plexo solar, 27
em direção ao Divino, 35
região torácica, chakras afetados, 65-69
Reiki, 47
Relacionamentos
disfunções, 61
questões, 24
respeito nos, 25
reprodução, problemas de, 24
respeito a si mesmo, 26-7
ressentimento, 29
reto, tumores/câncer no, 23, 59
rins, 25
rosa, óleo essencial de, 29, 115
rubi, 23, 89

S

safira-estrela, 33, 129
sahasrara, 35
sal de Epsom, banhos de, 49-50
sálvia branca, uso, 49, 89
sândalo, óleo essencial de, 23, 25, 33, 35, 91, 99, 131, 139
segundo chakra. *Ver* chakra do plexo sacral
segurança, 86
selenita, 35, 137
sentimentos, dificuldade de expressar, 24
separação de si mesmo e dos outros, 65-6
ser, chakra associado ao, 19
serenidade e paz 26
sétimo chakra. *Ver* chakra da coroa
sexto chakra. *Ver* chakra do terceiro olho
sexto sentido", 32
sexualidade, 19, 23-5, 94
SHAM, entoação, 133
sintomas e doenças, comuns, 54-84
sinusite, 81-2
sistema
circulatório, 29
de chakras, fundamentos do, 19
esquelético, 35
imunológico, distúrbios, 23
muscular, 35
nervoso, 33
nervoso central, 35
sobrancelhas, chakra. *Ver* terceiro olho
sobrevivência, chakra associado à, 19
sodalita, 31, 121
solidão, 29, 82
som
chakra associado ao, 31
sensibilidade ao, 35
sonhos, seguir os, 30-1
sons-mantras, entoação dos
chakra da coroa, 141
chakra da garganta, 125
chakra da raiz, 93
chakra do coração, 117
chakra do plexo sacral, 101
chakra do plexo solar, 109
chakra do terceiro olho, 133
sugilita, 33, 129
surdez, 33
svadisthana, 25

T

tanzanita, 33, 129
terceiro chakra. *Ver* chakra do plexo solar
terra, associação com o chakra da raiz, 23
testículos, 25
tolerância e aceitação, 26
topázio amarelo, 27, 105
topázio branco, 35, 137
transtornos alimentares, 55-6
traqueia, 31
tumores cerebrais, 59
turmalina laranja, 25, 97
turmalina negra, 23, 89
turmalina verde, 29, 113
turquesa, 31, 121

U

úlceras, 27
umbigo, chakra do. *Ver* chakra do plexo sacral
Unidade, vivendo no conhecimento da, 34
Universo, desligamento do, 34
uterinos
útero, 25. *Ver também* miomas e cistos

V

VAM, entoação, 101
varinha de pena, uso, 50
varizes, 23
Vedas, 13
velas, acender, 51
verdade, 31, 118
verde, chakra associado ao, 29
vergonha, 24, 83
vermelho, associado ao chakra da raiz, 23
vértebras inferiores, 25
vesícula biliar, 27
vetiver, e chakra da raiz, 23, 91

vibração elevada, mantendo, 48-49
vício, 31, 83-4
violeta, chakra associado à cor, 35
visão interior, 126
visão embaçada, 33
vishuddha, 31
visualizações, prática, 37-38
viver, tarefa da vida, 27
voz interior, ouvindo, 30

Y

Yoga
chakra da coroa, 140
chakra da garganta, 124
chakra da raiz, 92
chakra do coração, 116
chakra do plexo sacral, 100
chakra do plexo solar, 108
chakra do terceiro olho, 132
prática do, 41-3, 145
YUM, entoação, 117

AGRADECIMENTOS

Eu gostaria de expressar minha gratidão aos meus pacientes e alunos que me permitem ajudá-los em suas jornadas de cura, que abrem seus corações com profunda coragem e que todos os dias me ensinam algo novo sobre mim mesma. Agradeço todo o apoio da minha família e dos meus ancestrais. Obrigada a Jenn Lee Superstar e Jess Blake, que enriqueceram este livro com seus conhecimentos de yoga. Agradeço a Marc Gian tudo o que me ensinou sobre a terapia com óleos essenciais e sua relação com a Medicina Tradicional Chinesa e com os chakras. À Lauren Dobey agradeço as orientações na fase inicial deste livro e seu constante incentivo. Agradeço às professoras Maria Socorro Laya-Smith e Barbara Fasulo, que me abriram para a energia do Reiki. Agradeço à Kate Anjahlia Loye, que me possibilitou um encontro muito especial com a Rainha Cobra e Seshet; a sabedoria de ambas foi fundamental para escrever esta manifestação. Gratidão ao meu companheiro, Stacey Alomar, por todo o seu apoio durante a elaboração deste livro e por estar ancorado em seu chakra raiz por mim. Por fim, sou agradecida ao Espírito, por me despertar, e ao sistema de chakras, por ser o extraordinário portal para a nossa luz.

Impresso por :

Graphium
gráfica e editora

Tel.:11 2769-9056